城镇化
与
消费文化
变迁

喻厚伟 著

RESEARCH ON URBANIZATION AND
CHANGES OF
CONSUMPTION CULTURE

社会科学文献出版社
SOCIAL SCIENCES ACADEMIC PRESS (CHINA)

南昌工程学院马克思主义学院"江西省重点学科马克思主义中国化研究资助";

"江西省高校人文社科项目——城镇化与消费文化变迁研究"项目成果,项目编号：JJ17224

前　言

中国消费文化的变迁和城镇化进程分不开，在消费文化的历史性变迁过程中，城镇化的因素不可忽视。本书借鉴中西方各种消费文化理论，主要是为研究中国之情况。本书注重一般理论层面的阐述与中国的特殊情况相结合，注意区分西方情况与中国的不同，注意区分历史情况与现实的不同，特别是，由于中国的城镇化是一个未完成的过程，本书还进一步讨论其与工业化、信息化、智能化、金融化以及生态化的深层互动给人们的消费文化带来的当下实际影响与未来的可能影响。就具体思路而言，本书通过探寻城镇化与消费文化变迁的内在机制和路径，回顾城镇化与消费文化变迁的历史关系，认清城镇化与消费文化变迁的现实关联及思考城镇化与消费文化变迁的未来走向的方式，以寻找由建设新型的城镇化来引导消费文化健康发展的路径。本书从总体性的层面来讨论消费文化。消费文化作为一种总体性存在，其自身的变迁过程是本书的研究对象。城镇化通过一定形式的路径、通道来实现对消费文化变迁的影响，这些路径、通道是以多样的中介为载体的。生产和生活是人类生存的两大历史主题，城镇化主要是通过这两条路径来实现对消费文化的影响。一是，城镇化通过影响生产方式来形塑消费文化；二是，城镇化通过影响生活方式从而建构消费文化。

城镇化通过多种中介对消费文化总体性产生影响。一方面，城镇化在不断地推进消费文化的进步；另一方面，在一定历史时期，城镇化又会以多种形式来助推消费文化的异化，它会消解消费文化自我防御、自我觉醒、自我创建的现实路径。在乡村经济主导的城乡关系之中，消费文化出现过城市向乡村的逆向传播，而随着商品经济的不断发展以及城镇建设水平的不断提高，城镇发展对生活方式及消费文化的推动作用越来越明显。就历史发展历程总体而言，城镇化的方向和生产方式发展的方向是一致的，是由传统到现代的逐步递进；消费文化的变迁轨迹则体现了由自然经济向商品经济发展的历史过程。

中国当前消费文化的基本面是积极的、正面的、向好的，但一些消极的、负面的、畸形的消费思想，如消费的符号化、消费的自我构建化和消费主义等也在迅速扩散。这表明资本主义消费文化影响在加剧，这于社会主义消费的本质而言已构成消费文化的异化的风险。在未来的城镇化中，我们要消解致使消费文化异化的因素，规避消费文化异化的潜在或现实风险。未来要引导消费文化健康发展需从生产方式和生活方式的革新来着手。从生产方式来看，当前需求侧主导的生产方式是导致城镇化问题和消费文化异化的重要原因之一，因而倡导生产的生态化是解决当前城镇化问题及由此而带来消费文化异化的重要手段；从生活方式来看，构建健康消费文化的出发点和落脚点应放在消费主体之上，通过倡导生活的生态化及生活主体的自由全面发展来构建健康生活主体之主体性是引导未来消费文化健康发展的重要抓手。

目录
CONTENTS

第一章　绪论 ……………………………………………………… 1

第一节　研究背景与意义 ………………………………………… 1

　　一　研究背景 ………………………………………………… 1

　　二　研究意义 ………………………………………………… 2

第二节　国内外研究综述 ………………………………………… 3

　　一　西方消费文化研究的视角、代表人物及观点 ………… 3

　　二　马克思消费文化理论 …………………………………… 12

　　三　中国消费文化理论研究 ………………………………… 19

第三节　研究思路、方法与创新 ………………………………… 22

　　一　研究思路 ………………………………………………… 22

　　二　研究方法 ………………………………………………… 23

　　三　创新之处 ………………………………………………… 24

第二章　城镇化影响消费文化变迁的路径分析 ………………… 25

第一节　路径分析的方法论原则 ………………………………… 25

　　一　消费文化的意蕴 ………………………………………… 25

　　二　城镇化的维度 …………………………………………… 29

　　三　总体性与中介的统一：一种方法论的建构 …………… 30

第二节　生产方式中介路径分析 ·················· 32

　　一　城镇化推动生产方式发生改变 ············· 33

　　二　生产方式的改变推动消费文化变迁 ·········· 36

　　三　空间生产是生产方式中介影响消费文化的主要形式 39

第三节　生活方式中介路径分析 ·················· 45

　　一　城镇化影响生活方式进而影响消费文化 ······· 45

　　二　日常生活批判维度下城镇化对消费文化的影响 ···· 54

第三章　城镇化与消费文化变迁的历史关系 ·········· 63

第一节　乡村经济主导下城镇化与消费文化变迁 ······· 64

　　一　前现代城乡关系特点下的城镇化与消费文化变迁 ··· 64

　　二　乡村经济主导下消费文化的逆向传播 ········· 69

　　三　城镇发展推动城乡生活方式的改变进而推动消费文化的
　　　　改变 ······························ 72

第二节　现代城镇化萌芽时期的消费文化变迁 ········· 82

　　一　城乡关系逆转背景下的近代城镇化 ·········· 82

　　二　新的生产方式催生新的消费风格 ············ 84

　　三　新的生活方式带来新的消费文化 ············ 88

第四章　城镇化和消费文化的现实关联 ············· 93

第一节　中华人民共和国成立至改革开放之前的城镇化与消费
　　　　文化 ······························· 93

　　一　中华人民共和国成立后三十年的城镇化 ······· 93

　　二　中华人民共和国城镇化对生产方式的影响及由此对
　　　　消费文化产生的影响 ··················· 95

　　三　新的生产方式带来新的生活方式及消费文化 ····· 99

第二节 改革开放以来的城镇化对生产方式的重构及
"消费社会"的勃兴 ……………………………… 103
一 改革开放以来城市空间生产及生产方式的重构……… 103
二 改革开放以来的城镇化推动社会发展阶段逐渐进入
"消费社会" ………………………………………… 113
第三节 "消费社会"生活方式变更 ……………… 124
一 城镇化背景下"消费社会"的生活主体 ………… 124
二 城镇化背景下"消费社会"的生活时空 ………… 129
第四节 "消费社会"背景下城镇化之于消费文化变迁 ……… 133
一 短缺向丰沛、大众向个性、使用价值向符号意义的
跨越 …………………………………………………… 135
二 消费观念从生活必需品消费到多元消费、从工具性到
目的性、从崇尚节俭到追逐时尚 ………………… 144
三 消费方式从即时消费、低端消费、线下消费转向即时与
超前、低端与高端、线下与线上消费并存 ………… 147
四 当前消费文化的总体评价 ……………………… 149

第五章 城镇化与消费文化的未来走向 ……………… 152
第一节 生产方式革新构建健康消费文化 ………… 152
一 需求侧主导的生产方式容易导致消费文化的异化 ……… 153
二 供给侧改革:引导生产生态化和消费文化回归健康发展
之路的必然选择 ………………………………… 157
第二节 生活方式革新构建健康消费文化 ………… 161
一 现代城镇化某种程度上禁锢主体自由而全面发展进而
诱发消费文化异化 ……………………………… 162
二 未来城镇化应从人的自由而全面发展着手引导消费文化
健康发展 ………………………………………… 166

第六章　结语‥‥‥‥‥‥‥‥‥‥‥‥‥‥‥‥‥‥‥‥‥ 172

　第一节　主要结论‥‥‥‥‥‥‥‥‥‥‥‥‥‥‥‥‥ 172

　第二节　研究展望‥‥‥‥‥‥‥‥‥‥‥‥‥‥‥‥‥ 174

参考文献‥‥‥‥‥‥‥‥‥‥‥‥‥‥‥‥‥‥‥‥‥‥‥ 176

附录　调查问卷‥‥‥‥‥‥‥‥‥‥‥‥‥‥‥‥‥‥‥‥ 184

第一章
绪　论

━━━━━━━━━━━━❧◈❧━━━━━━━━━━━━

第一节　研究背景与意义

一　研究背景

消费是人们日常的基本活动，然而，比消费本身更为重要的是消费文化。"文化不应是一个抽象的普遍概念，而应该是活生生的生活经验。"[①] 消费文化亦是如此。消费文化的特征、内涵、意义和价值总是通过特定时空的消费活动表现出来的，这种特定时空将消费文化具体化，而只有在具体的文化中，我们才能深切感受和把握其自身的缘起与展开、脉络与演进。也只有将抽象上升到具体，对消费文化进行辩证的认识，我们才能做到从特定时空中把握消费文化，从消费文化中把握特定时空。德国思想家海涅曾说：每一个时代都有它的重大课题，解决了它就把人类社会向前推进一步。那么，21世纪人类将面临哪些重大课题？诺贝尔经济学奖获得者斯蒂格利茨似乎给了我们一些启示，他说："中国的城市化与美国的高科技发展将是影响21世纪人类社会发展进程的两件大事。"而后他又进一步指明："21世纪的中国面临三大挑战，居于首位的就是城市化进程。"[②]

──────────

① 武寅：《在"现代社会生活方式的文化根源"国际研讨会上的致辞》，载萧俊明主编《现代社会生活方式的文化根源》，社会科学文献出版社，2013，第1页。

② 李培林：《当代中国城市化及其影响》，社会科学文献出版社，2013，第2页。

"把世界看成一个过程的集合体"这一辩证法的基本思想要求我们将消费文化看成一个嬗变的历史过程。而寻找消费文化嬗变的动力、轨迹、道路及方向则体现了对其研究的现实考量。从世界主要国家发展的经验事实来看，消费文化变迁与时空变换之间的互动关系线索十分清晰。从西方来看，工业革命及技术的不断革新推动着城市化的历史进程滚滚向前，随着城市化进程在深度和广度上的变化，社会发展也似乎可以被分为前现代、现代及后现代，而消费文化也在从节俭到享乐之后又走进了崇尚个性审美的历史时期。中国消费文化的变迁亦符合这一规律。从中国来看，城镇化影响生产方式和生活方式的革新进而引起消费文化的变迁。与西方不同的是，中国的城镇化是一个未完成的过程，在这个正在持续发展的城镇化过程中，其与工业化、信息化、智能化、金融化以及生态化的深层互动都深刻影响着人们的消费行为及消费文化。

消费一方面是一种经济现象，它可以推动社会经济发展、促成社会进步；另一方面消费又是一种文化现象，它体现着每个历史时期和社会条件下的文化本质，每个时空下的消费行为其实就是这个时空中文化价值的特殊表现。中国消费文化的变迁和城镇化进程分不开，伴随着中国城镇化进程的不断推进，中国的经济、社会都随之发生巨大变化，特别是在消费领域，不仅人们的消费总量持续增长、消费资料不断增多、消费结构逐步升级，更为关键的是，人们的消费观念、消费方式、消费风格也在极速地变化着。居民的消费活动不仅是人们日常生存、发展所必须进行的基本实践活动，而且其意义已经远远超出了生存和生活的需要。消费已经成为人们日常生活的重要活动，消费空间成为人们生活空间的重要组成部分，消费时间则成为人们工余时间中不可或缺的重要构成要素。消费行为所体现的文化意蕴是一个逐步变迁的历史过程，在这场变革中，城镇化发挥的作用更为清晰、更为深透，同时也更为复杂。城镇化与消费文化变迁之间的历史关系、互动机制、现实关联与未来走向赋予消费文化研究全新的视角。

二 研究意义

1. 理论意义

从早期社会学奠基者马克思、凡勃伦到西美尔、默顿，以及当代后现代主义社会学家布尔迪厄、鲍德里亚和费瑟斯通等人，他们都关注过消费文化问题，但本书的研究角度和出发点与之前的研究有所不同。本书从"城镇化对消费文化变迁会产生影响"这一基本研究假设出发，通过揭示城镇化与消费文化变迁的历史关系、互动机制、现实关联与未来走向来展开整个研究，旨在说明本书的核心观点"城镇化通过生产方式、生活方式两个中介影响消费文化这一总体性存在，通过回顾历史、梳理现实，提出未来城镇化可以通过生产生态化和生活生态化两个方面来引导消费文化健康发展"。因此，本书在研究视角和观点上具有一定的意义。

2. 现实意义

种种迹象表明，中国的消费文化正处在一个较为活跃的变迁时期，中国当下的消费文化较之传统消费文化有较大程度的改变，这种改变中既有体现积极意义的历史性进步，也有较之于社会主义消费文化本质而言的异化成分。在这种消费文化多元重塑的历史进程中，城镇化的作用越来越清晰。城镇化不仅是当前经济持续增长、发展方式升级、社会转型的重要路径，也是党和国家实现中华民族伟大复兴的重要载体，同时，其还是促使消费文化历史变迁的重要推动力，因而也就成为未来建构健康消费文化的重要切入点之一。从城镇化的视角来看待消费文化的变迁，以及讨论二者的互动机制及规律，对我们更好地进行城镇化建设以及消费文化转型有着现实的意义与价值。

第二节　国内外研究综述

一　西方消费文化研究的视角、代表人物及观点

1. 空间性视角

本书探讨的是城镇化对消费文化变迁所产生的影响，对于城镇化与消费文化变迁（如城镇化与消费文化变迁的历史关系、互动机制、现实关联和未来走向等）的直接研究，在西方学术界较少有涉及，但不少学者以空间作为视角，在对社会政治、经济、文化进行分析和批判的过程中间接或隐性地涉及了城市发展与消费文化的互动。从消费文化研究的空间视角，

跳出消费本身，将消费置于整个社会关系中进行考察，得出了一个分析消费文化整体社会空间意识的新途径。基于这个视角而展开的对消费文化的研究较好地阐释了消费文化作为一种文化形态的社会意义。

福柯认为"空间以往被当作是不可逆的、死板的、非辩证的和静态的东西"。① 而事实上，"空间里到处弥漫着社会关系，它不仅被社会关系支持，也生产社会关系和被社会关系所生产"。② 把空间要素嵌入社会过程研究的视域中，置于消费文化变迁的维度下，从空间的角度来探析空间背后的资本、权力、文化、财富、社会关系等之间的博弈和角逐，使城市空间成为一个在政治、经济、文化等社会过程推动下的动态发展过程。对于人类活动与社会空间的研究，不得不提起法国学者列斐伏尔③。列斐伏尔将空间作为一个总体来考察，并在这种考察中对它进行批判。"空间应该被看成一个总体来考虑。我们应该在它的复杂性中接近它，并在这种复杂性中展开对它的批判。那些关于空间、景色、乡村和城市的描述性作品不再重要。它们都是通过剪裁形成的。它们仅仅是空间中所存在的事物的清单而已。"④ 列斐伏尔对空间的批判沿着两条线索展开，一条是对都市现实的批判，另一条则是对日常生活的批判。"日常生活与城市，是不可分割地联系在一起的，同时，产品和生产，通过这两者而占据着一个空间，而反过来也是如此。"⑤ 空间具有二重性，城市空间不仅包括实体空间，还包括以关系形态存在的社会空间。实体空间特别是城市实体空间，是相对于自在世界而存在的"人化自然"，它是人类实践活动的结果又是新的实践活动的物质基础。而社会空间则主要是指人们在生产实践活动中所结成的政治、经济、文化、生活等日常和非日常的交往关系。所以空间既是物质空间也是社会空间，既有自然属性又有社会属性。然而不论是对都市文化还是日常生活的分析，都涉及对消费的分析。因为消费活动在"都市的、日常生活的复杂空间中纠缠在一起，直到某一点上能够确保生产关系（社会关系）的再

① 刘珊等：《城市空间生产的嬗变——从空间生产到关系生产》，《城市发展研究》2013年第9期，第42页。
② 包亚明：《现代性与空间的生产》，上海教育出版社，2003，第47页。
③ 〔法〕亨利·列斐伏尔（Henri Lefebvre），也译作勒菲弗，等等。
④ 〔法〕亨利·勒菲弗：《空间与政治》，李春译，上海人民出版社，2008，第10页。
⑤ 〔法〕亨利·勒菲弗：《空间与政治》，李春译，上海人民出版社，2008，第1页。

生产。通过这个现实的空间，对它的批判和认识就实现了一种总体性，即'综合'"。① 列斐伏尔有关日常生活的理论将日常生活赋予了消费、消费空间研究的普遍联系观和整体性视角。在消费过程及消费空间中，人们的日常则被商品和社会结构映射所绑架，并由符号及符号化的过程所强化。在列斐伏尔看来，空间不仅是生产和消费所需的物质场所，还直接是生产和消费的对象。比如消费空间的生产就成为资本扩张与社会结构的契合，消费的日常也因此被高度规训。列斐伏尔认为："社会的'真实'是变化的，因为生产性的活动和这些活动的形式是变化的。人们由在空间中的物品生产（因而，被间接地生产出来的空间，是作为物品的集合、总和与全体而建立起来的），过渡到了对这样的空间的直接生产。"②

　　大卫·哈维对消费文化的关注充分体现了其作为地理学家所特有的空间关怀。在哈维眼中，"时间和空间一直是个个性化和社会差异的基本手段。每个社会形态都会根据它自身的需要和物质再生产、社会再生产的目标，来建构关于时空的客观概念，根据那些概念来组织物质实践"。③ 哈维在其名著《巴黎城记——现代性之都的诞生》中指出空间不是外在空间场所而是事物自身的属性，即空间性。"城市本身是一个建筑形态，更是一个空间形态。新巴黎城不只是现代性的场所，更是现代性本身。理解空间，把握空间性，是认识现代性不可或缺的路径。"④ 哈维认为，认识现代城市的空间性不能仅看作为表象存在的景观空间，而应看到金融体系和空间关系的革命。"空间财产化，空间就是金钱，城市空间获得了新的本质。巴黎的空间性是建构的以及相因而生的，而不是被动反射的。商业空间、公共空间以及通过消费所造成的私人占用公共空间的现象，三者所形成的共生关系越来越具有关键性。"⑤ 哈维在该书中，以巴黎为例探讨了空间生产与

---

① 〔法〕亨利·勒菲弗：《空间与政治》，李春译，上海人民出版社，2008，第1~2页。
② 〔法〕亨利·勒菲弗：《空间与政治》，李春译，上海人民出版社，2008，第94页。
③ 〔美〕大卫·哈维：《时空之间：关于地理学想象的反思》，朱美华译，参见孙逊等主编《都市空间与文化想象》，生活·读书·新知三联书店，2008，第4页。
④ 〔美〕大卫·哈维：《巴黎城记——现代性之都的诞生》，黄煜文译，广西师范大学出版社，2010，序一，第3页。
⑤ 〔美〕大卫·哈维：《巴黎城记——现代性之都的诞生》，黄煜文译，广西师范大学出版社，2010，序一，第4页。

改造对社会政治、经济、文化的深刻影响。"空间一旦生产出来，就意味着它同过去的决裂——不仅是同旧巴黎的决裂，而且是同旧巴黎社会关系的决裂——新的空间生产，也就生产了新的社会关系；对空间的生产，在某种意义上，也就是对社会关系的再生产。"① "新的宽阔的大道、百货公司、咖啡馆以及一些标志性的纪念建筑，它们一旦生产出来，就立即重新塑造了新的阶层区分，塑造了新的社会关联，阶级的区分不得不铭刻在空间的区分之上。每个空间都在塑造人的习性，都在划定人的范围，都具备一种控制能力，都在暗示统治的合法性；不仅如此，每个空间也是权力和财富的尽管展示，它们怀抱着实用之外的象征目的。巴黎新空间的生产，在重新塑造一种新的共同体的同时，也是对旧共同体的摧毁；它在塑造新的情感结构的同时，也是对旧的情感结构的摧毁；它在塑造一种新的城市概念的同时，也是对旧的城市概念的摧毁。一个新的巴黎被打造出来，这也意味着，一个新的巴黎人被打造出来，一个新的巴黎政治经济关系被打造出来。"② 而消费和景观在新时空中则展开了新的互动。"景观，包括城市本身，乃是都市生活的基本要素，其中蕴含的政治面向长久以来一直在正当性与社会控制的建构上扮演着重要角色。"③ "新百货公司与新咖啡馆——往外溢出到新大道两旁的人行道上——的出现，使得公共与私人空间的疆界变得充满孔隙。"④ "商品本身作为一种景观，其与日俱增的力量的最佳展现处便是新百货公司。商店橱窗成为引人驻足凝望的引诱物。百货公司内堆得高耸入云的商品本身便是一种景观。大批接待员与推销员（特具魅力的年轻男性与女性）在百货公司内巡行的同时，也迎合着消费者的欲望。"⑤ 因而，"商业空间、公共空间以及通过消费所造成的私人占用公共空间的现

---

① 〔美〕大卫·哈维：《巴黎城记——现代性之都的诞生》，黄煜文译，广西师范大学出版社，2010，序二，第 6 页。
② 〔美〕大卫·哈维：《巴黎城记——现代性之都的诞生》，黄煜文译，广西师范大学出版社，2010，序二，第 6~7 页。
③ 〔美〕大卫·哈维：《巴黎城记——现代性之都的诞生》，黄煜文译，广西师范大学出版社，2010，第 221 页。
④ 〔美〕大卫·哈维：《巴黎城记——现代性之都的诞生》，黄煜文译，广西师范大学出版社，2010，第 222 页。
⑤ 〔美〕大卫·哈维：《巴黎城记——现代性之都的诞生》，黄煜文译，广西师范大学出版社，2010，第 223 页。

象，三者所形成的共生关系越来越具关键性。商品景观逐渐跨界支配了公共/私人空间，并且有效地将两者合而为一。"①

刘易斯·芒福德从城市发展的历史线索入手，探讨城市积聚与扩张及城镇规划对消费文化的影响。芒福德认为，土地集约使用，并使之成为一种便于交易的单位，就像货币单位那样，可以极大限度地提升地块及房地产的价格，而这一切都是从资本主义角度来展开的，也就是说是在资本的逻辑框架下运行的。城镇在这种逻辑下急剧扩张，"城镇不顾后果的扩张延伸，还带来了开放空间持续不断的被侵占。随着城市周边的持续扩大，市中心距离开阔乡村也空前遥远。城市的增生提高了地价，购买土地变得格外昂贵"。②"街道的大量铺设，不必要地增加了城市的面积，也增加了价格昂贵的铺装地面的总面积。包括昂贵的给排水主管线，最终导致昂贵的生活方式：居民的居住都是单家独户的分散方式，而不是紧凑的社区聚落，因而也不必要地增加了交通方面的人均小时数。"③ 而这一切的变化最终还是要落实在商业和消费之上，"城市增生所派生出的货币价值，大体上与其增生的规模，与其商业活动的重要性，以及与其人口的密度恰成比例"。④芒福德还认为，"一种新的三位一体主宰着大都市的景象：金融、保险和广告。"⑤"通过这些中介，大都市把自己的规则扩展到它的附属区域，包括了其自身政治区划之内的和那些边远的受其控制的地区，直接或间接地，它们加速了向大都市中心进献贡物的回流"。⑥"垄断资本主义、信贷金融和财富的威力——这是大都市金字塔的三个面。大都市里发生的一切最后都可

---

① 〔美〕大卫·哈维：《巴黎城记——现代性之都的诞生》，黄煜文译，广西师范大学出版社2010，第 227~228 页。

② 〔美〕刘易斯·芒福德：《城市文化》，宋俊岭等译，中国建筑工业出版社，2009，第216 页。

③ 〔美〕刘易斯·芒福德：《城市文化》，宋俊岭等译，中国建筑工业出版社，2009，第217 页。

④ 〔美〕刘易斯·芒福德：《城市文化》，宋俊岭等译，中国建筑工业出版社，2009，第217 页。

⑤ 〔美〕刘易斯·芒福德：《城市文化》，宋俊岭等译，中国建筑工业出版社，2009，第267 页。

⑥ 〔美〕刘易斯·芒福德：《城市文化》，宋俊岭等译，中国建筑工业出版社，2009，第267 页。

以归结为这几个要素中的一个或另一个。"① 正是这种新形态的都市控制方式对消费文化产生了深远的影响，对郊区及乡村生活方式及消费文化的影响也越来越强。正如芒福德所说，"大都市的生活方式是昂贵的方式，这种方式可以为那些在该体制中有资本股份的人，或者生活在该体制荣耀光环中的人带来金钱上的收益。这种道德是通过教育灌输、通过广告变得家喻户晓、通过宣传而四处流行，生活就是指都市生活。不仅人口涌入城市不断加速，同时城市对乡村地区的主导也日益明显。"②

2. 符号化视角

如果单就消费文化自身研究而言，消费的符号化是消费文化研究的一个重要视角。炫耀攀比、形象建构、时尚品位、身份认同等是符号化消费文化研究的基本领域。

（1）消费符号化的理论基础。消费符号化的理论基础要追溯到索绪尔开创的符号学研究。根据索绪尔的理论，符号包含"能指"和"所指"两部分，"能指"是符号本身，"所指"是符号所表征的对象的意义。单个符号并不能发挥作用，符号只有在构成体系时，在同一符号体系中，"能指"和"所指"才具有一一对应的关系。鲍德里亚对于符号化的消费文化的研究集中体现在《物的体系》《符号的政治经济学批判》，尤其是《消费社会》中。鲍德里亚认为，"我们处在'消费'控制着整个生活的境地。"③我们已经从生产占主导的生产型社会进入到消费为主导的"消费社会"，"消费社会"是独立的社会形态。与之相适应的是，我们的社会从以商品占主导地位的历史阶段进入到以符号形式为主的历史阶段中。当今社会，人们消费主要不是为了商品的使用价值，而是商品背后的（或者说是被创造出来的）符号意义。"消费的逻辑被定义为符号操纵"④，"我们在符号的掩护下并在否定真相的情况下生活着。奇迹般的安全：当我们观看世界形象时，有谁把突然闯入的现实与不在场而产生的内心快乐加以区别呢？形象、

---

① 〔美〕刘易斯·芒福德：《城市文化》，宋俊岭等译，中国建筑工业出版社，2009，第267页。

② 〔美〕刘易斯·芒福德：《城市文化》，宋俊岭等译，中国建筑工业出版社，2009，第294页。

③ 〔法〕让·鲍德里亚：《消费社会》，刘成富、全志刚译，南京大学出版社，2001，第6页。

④ 〔法〕让·鲍德里亚：《消费社会》，刘成富、全志刚译，南京大学出版社，2001，第12页。

符号、信息，我们所'消费'的这些东西，就是我们心中的宁静。与外界产生的距离则巩固了这份宁静。对真相的强烈影射并没有损害他，只是骗了它罢了。"① 这种消费逻辑成为"消费社会"中的最为重要的消费意识形态。鲍德里亚的"消费社会"相关理论构成了当前西方消费社会研究的基本框架，单从社会学的角度来看，鲍德里亚对"消费社会"以及消费文化的理解无疑是深刻的，但是站在阶级或阶层的角度来看，鲍德里亚没有看到消费文化与资本主义生产关系的巩固与再生产之间的内在联系。

鲍德里亚认为，商品具有与符号极为相似的意义。一方面，在商品社会中单个商品并不是孤立地存在着，而是成系列地存在着，单个商品的价值和意义，必须根据它在整个商品系列中的地位来确定；另一方面，在以往社会中，商品的物性及有用性是第一位的，而"消费社会"中，仅为满足生存的需要早已退居次要地位，而商品物性价值（"能指"）由象征价值（"所指"）决定。鲍德里亚指出，"有意义的消费乃是一种系统化的符号操作行为。"② "物品在其客观功能领域以及其外延之中是占有不可替代地位的，然而在内涵领域里，它便只有符号价值，就变成多多少少被随心所欲地替换的了。"③ 英国哲学家迈克·费瑟斯通也指出，"一个人的身体、服饰、谈吐、闲暇时间的安排、饮食的偏好、家居、汽车、假日的选择等，都是他自己的或者说消费者的品位、个性与风格的认同指标"④。马尔库塞指出："人们在他们的商品中识别出自身：他们在他们的汽车、高保真度音响设备、错层式房屋、厨房设备中找到自己的灵魂。""在人们抱着展示自己身份的心态而进行消费的时候，商品的身份价值或社会标志价值便得到了实现。"⑤

（2）消费符号化的重要根源在于炫耀攀比文化的形成。学界普遍认为，西方对于消费文化的研究始于制度学派创始人托斯丹·邦德·凡勃伦1899

---

① 〔法〕让·鲍德里亚：《消费社会》，刘成富、全志刚译，南京大学出版社，2001，第120页。
② 〔法〕让·鲍德里亚：《消费社会》，刘成富、全志刚译，南京大学出版社，2001，第27页。
③ 〔法〕让·鲍德里亚：《消费社会》，刘成富、全志刚译，南京大学出版社，2001，第67页。
④ 〔英〕迈克·费瑟斯通：《消费主义与后现代文化》，刘精明译，译林出版社，2000，第121页。
⑤ 〔美〕赫伯特·马尔库塞：《爱欲与文明》，黄勇、薛民译，上海译文出版社，1987，第9页。

年《有闲阶级论》的出版。当然，从时间上讲，保尔·拉法格其实先于凡勃伦在1883年发表了《优闲的权利》一书，这本书就讨论了工人的闲暇时间问题。但拉法格的视角主要是从工人阶级和资产阶级在闲暇时间中的不同表现来说明两大阶级的差别，而真正从文化的角度揭示当时资产阶级消费生活的还是始于《有闲阶级论》。稍微考察一下社会发展史便可得知，工业革命之前，绝大部分人的生产活动和生活活动是直接同一的，工业革命之后，随着生产力的快速发展，为新兴资产阶级提供了大量的消费资料和空闲时间。新兴资产阶级逐渐成为非生产性阶级即脱离生产工作的阶级，这便是凡勃伦所指的"明显有闲"阶级。"有闲阶级"在生活中从"明显有闲"发展到"明显消费"，正如凡勃伦所说，"在明显消费的生个演变过程中……为了有效地增进消费者的荣誉，就必须从事于奢侈的、非必要的事物的消费。"① 即"炫耀性消费"。人们"往往会将实际只是金钱上的那种差别，理解为智力或审美力上的差别。"②

美国社会学家丹尼尔·贝尔认为，"现代社会的文化改造主要是由于大众消费的兴起，或者由于中低层阶级从前目为奢侈品的东西在社会上的扩散"。③ 丹尼尔·贝尔所说的大众消费时代得益于生产方式的变革以及技术的进步。阿格里塔站在资本主义批判的立场上，对资本主义生产方式、劳动过程变革而带来的"消费的社会化形式"④ 进行了详细的研究。阿格里塔认为，资本主义劳动过程的机械化（福特制生产方式的产生）改变了个人的消费模式。标准化、批量化的生产，使得住房、汽车等前资本主义消费模式下的奢侈品逐渐走进大众消费的视野，分期付款、信贷消费的消费形式创新更加直接地加速了大众消费的发展，同时进一步地改变着工人阶级的生活方式以及阶级意识，进而为资本主义生产关系的巩固和再生产服务。与炫耀攀比相对应的是马克斯·韦伯的研究。韦伯开启了消费文化研究的社会学传统。韦伯认为，资本主义的产生得益于资本主义精神的培育，而

① 〔美〕托斯丹·邦德·凡勃伦：《有闲阶级论》，蔡受百译，商务印书馆，1964，第72~73页。
② 〔美〕托斯丹·邦德·凡勃伦：《有闲阶级论》，蔡受百译，商务印书馆，1964，第73页。
③ 〔美〕丹尼尔·贝尔：《资本主义文化矛盾》，赵一凡译，生活·读书·新知三联书店，1989，第113页。
④ 唐正东、孙乐强：《资本主义理解史》第4卷，江苏人民出版社，2009，第217页。

资本主义精神则是指在新教伦理指引下的"勤俭、节约"。在资本主义发展的初期，理性禁欲不仅倡导消费者的禁欲，而且强调企业家的节俭、奋斗，从资本主义生产的角度来看，加快了资本积累的进程，使得早期资本主义工业国得到了迅速的发展。德国哲学家桑巴特对韦伯的思想进行了补充。桑巴特认为当时的法国受禁欲主义的影响相对较小，法国贵族特别是贵族妇女对香水等物品的追求与消费，解决了资本主义生产之后的销售问题，同时，随着资本主义生产方式的改进以及新教自身的改革，消费开始扩展到大众之中。

（3）时尚、品位是符号化消费的重要特征。消费主义作为西方消费文化的重要特征，一方面符合了资本主义的经济理性，另一方面又极大迎合了消费者"被煽动起来"的消费欲望，因此在西方社会得到了普遍认可。消费主义的运转机制必须满足两个条件：一是不断扩大商品的生产，二是不断对商品进行升级换代。其中，第一点的实现依赖于资本主义生产力的不断发展以及自动化等科技水平的普遍提高，而第二点则是通过制造和追求时尚来完成的。

桑巴特指出，新社会、城市和爱情的世俗化是推动资本主义发展的三支重要力量。"奢侈促进了当时将要形成的经济形式，即资本主义的发展，正因如此，所有经济'进步'的支持者，同时也是奢侈的大力提倡者。"[1]这也就是说，消费什么、怎样消费，从来就是身份、地位、品位、格调的象征。德国哲学家西美尔认为，社会中拥有较高社会地位的人制造、引领时尚，并以此来彰显自己的社会优势地位。而大众为了提升自己的社会地位，也会刻意模仿上层社会的时尚。西美尔说，人们在追赶时尚的过程中"就好像置自己于坚实的基础，从而使现在的行为免除了保持自身个性的困难"。[2] 时尚也可以理解为一种风格，上层社会的任何一种刻意制造的新风格都会引领某一时期的时尚，然而，时尚的转换周期总是短暂的，每一种时尚在它形成之初都是新潮审美观念的具化，而在大众对其进行努力追赶和大力吹捧之后，这种"普遍化""大众化"的时尚已不再时尚。大众在肯

---

① 〔德〕维尔纳·桑巴特：《奢侈与资本主义》，上海人民出版社，2000，第150页。
② 〔德〕奥格尔格·西美尔：《时尚的哲学》，北京文艺出版社，2001，第71页。

定这种时尚所带来新风格的同时，已经同步地否定了这种新风格本身所具有的"社会等级区划"功能。正如西美尔所说，"时尚的发展壮大导致的是它的死亡，因为它的发展壮大即它的广泛流行抵消了它的独特性。因此，它在被普遍接受与因这种普遍接受而导致的其自身意义的毁灭之间摇晃"①。

时尚、品位和生活方式相联系。皮埃尔·布尔迪厄从主观的、非确定的"品位"来研究消费文化。他认为，"品位是一种社会现象，它不是个人选择的结果，相反，社会方式决定个人的品位。"② 布尔迪厄从类似历史唯物主义的观点出发，认为品位和社会等级关系的再生产相关。个人的品位由其工作经验、社会经历、生活状况决定，客观的生活条件、社会关系通过习性从而将品位内在化。生活方式是西方消费文化研究的另一个重要角度，费瑟斯通从符号和概念的快速流动如何渗透到当代社会的日常生活之中展开了对消费文化的研究；列斐伏尔则把目光投向于日常生活的消费问题；赫布戴智从生活方式中如何体现意识风格或感觉来研究消费过程。

二 马克思消费文化理论

马克思对消费问题的阐述，有四个维度值得我们关注。一是把消费作为与生产相对应的概念来展开；二是把消费和人的生活方式联系起来进行研究；三是从人与人、人与自然的关系的角度来讨论生产和消费；四是马克思的休闲理论。

1. 把消费作为与生产相对应的概念来展开

关于生产和消费的关系，马克思的核心观点是：生产和消费具有同一性，生产在二者关系中起支配作用。马克思在《〈政治经济学批判〉导言》中把消费看成社会生产的终点，生产是一般，消费是个别。生产和消费的关系可以从三个方面来理解。第一，生产和消费是直接同一的，首先，"生产直接也是消费"，"消费直接也是生产"③；其次，"生产中介着消费"，"消费中介着生产"④；最后，生产和消费都是"由于自己的实现才创造对

---

① 〔德〕奥格尔格·西美尔：《时尚的哲学》，北京文艺出版社，2001，第76页。
② 〔美〕西莉亚·卢瑞：《消费文化》，张萍译，南京大学出版社，2003，第78页。
③ 《马克思恩格斯选集》第2卷，人民出版社，1995，第8页。
④ 《马克思恩格斯选集》第2卷，人民出版社，1995，第9页。

方"，都要"把自己当作对方创造出来"①。第二，生产决定消费，首先生产为消费提供材料和对象；其次，生产还规定了消费的性质及其他规定性；最后，生产不仅为消费提供材料，同时也消费材料；因此，"生产生产着消费"，"它生产出消费的对象，消费的方式，消费的动力"。② 第三，消费反作用于生产，首先，产品和天然的自然对象或者说自然物不同，它只有在消费中才能实现自己的价值，从而使自己成为现实的产品；其次，消费创造出新的生产的需要，只有不断地消费才会有不断更新的消费需求，从这个角度来讲，消费也是生产的前提；再次，消费创造出生产的动力，没有需要，就没有生产；最后，消费生产出生产者的素质。马克思对消费文化的探讨，是以 19 世纪中期西欧资本主义社会发展为背景，从生产与消费的关系出发对资本主义社会进行解剖；其视角是站在两大阶级严重对立的基础上，指出工人消费水平低下的根本原因是资本家的残酷剥削。

2. 消费方式和生活方式紧密联系

第一，消费是生活的起点，人的需要首先是生存的需要。"人们为了能够'创造历史'，必须能够生活。但是为了生活，首先就需要吃喝住穿以及其他一些东西。因此第一个历史活动就是生产满足这些需要的资料，即生产物质生活本身。"③ 马克思还指出，人的需要是不断发展的。"第二个事实是，已经得到满足的第一个需要本身、满足需要的活动和已经获得的为满足需要而用的工具又引起新的需要，而这种新的需要的产生是第一个历史活动。"④ 因为，"由于人类自然发展的规律，一旦满足了某一范围的需要，又会游离出、创造出新的需要。"⑤ 第二，生产方式决定生活方式；"个人怎样表现自己的生活，他们自己就是怎样。因此，他们是什么样的，这同他们的生产是一致的——既和他们生产什么一致，又和他们怎样生产一致。"⑥ 第三，生活方式体现消费方式，人们在消费水平、消费习惯等方面的改变

① 《马克思恩格斯选集》第 2 卷，人民出版社，1995，第 11 页。
② 《马克思恩格斯选集》第 2 卷，人民出版社，1995，第 10 页。
③ 《马克思恩格斯选集》第 1 卷，人民出版社，1995，第 79 页。
④ 《马克思恩格斯选集》第 1 卷，人民出版社，1995，第 79 页。
⑤ 《马克思恩格斯全集》第 47 卷，人民出版社，1979，第 260 页。
⑥ 《马克思恩格斯选集》第 1 卷，人民出版社，1995，第 67~68 页。

是生活方式变革的重要体现，其实质是生产和消费相互作用的结果。马克思认为，正是资本主义基本矛盾的不断深化，导致人们的生活水平不断下降，进而带来其消费水平、消费结构、消费习惯等方面的深刻变化。对资本的无限追求引发资本积累的高潮，资本积累带来的直接后果是两极分化越来越严重；资本有机构成的不断提高，更是导致了大量相对过剩人口的产生。这一切都导致了工人自身的异化和"商品拜物教"的产生。在资本主义社会条件下，工人的劳动不仅没有给工人带来生活上的改善，反而使工人逐渐失去其现实性，即工人的异化，"劳动的现实化竟如此表现为非现实化，以致工人非现实化到饿死的地步。对象化如此表现为对象的丧失，以致工人被剥夺了最必要的对象——不仅是生活的必要对象，而且是劳动的必要对象。"① 人的异化直接带来的结果就是"人的需要"的异化，即人与人的关系被物与物的关系掩盖，人被物所包围，丧失人的本质意义及对"自由全面发展"最高价值的追求，从而进入"商品拜物教"的社会。"异化"和"商品拜物教"成为马克思主义者，特别是西方马克思主义者在"消费社会"分析过程中的重要理论依据和工具，有利于从本质上对资本主义"消费社会"及消费文化进行剖析。

3. 从人与人、人与自然的关系的角度来讨论生产和消费

马克思在《雇佣劳动与资本》中指出："人们在生产中不仅仅影响自然界，而且也互相影响。他们只有以一定的方式共同活动和互相交换其活动，才能进行生产。为了进行生产，人们相互之间便发生一定的联系和关系；只有在这些社会联系和社会关系的范围内，才会有他们对自然界的影响，才会有生产。"② 也就是说，人首先是社会人，其次才是经济人（或个人）。马克思进而指出，"一切生产都是个人在一定社会形式中并借这种社会形式而进行的对自然的占有。"③ "全部人类历史的第一个前提无疑是有生命的个人的存在。因此，第一个需要确认的事实就是这些个人的肉体组织以及由此产生的个人对其他自然的关系……任何历史记载都应当从这些自然基础

---

① 《马克思恩格斯选集》第 1 卷，人民出版社，1995，第 41 页。
② 《马克思恩格斯选集》第 1 卷，人民出版社，1995，第 344 页。
③ 《马克思恩格斯选集》第 2 卷，人民出版社，1995，第 5 页。

以及它们在历史进程中由于人们的活动而发生的变更出发"①，即人与自然的物质关系是生产与消费活动的前提与经验维度，而人与人的关系则是生产与消费活动的本质和抽象维度。

在马克思看来，人与人的关系在生产和消费活动中的体现需要以货币为中介，并通过其中介着的交换关系反作用于人与人的关系。马克思说，"由于劳动的目的不是为了特殊产品，即同个人的特殊需要发生特殊关系的产品，而是为了货币，即一般形式的财富……在以雇佣劳动为基础的地方，货币不是起瓦解的作用，而是起生产的作用……只有当每种劳动所生产的都是一般财富而不是特定形式的财富，从而个人的工资也都是货币时，普遍的勤劳才是可能的。否则，只有特殊形式的技艺上的勤劳才是可能的。作为劳动直接产物的交换价值，就是作为劳动直接产物的货币。因此，生产交换价值本身的直接劳动就是雇佣劳动。"② 随着商品生产和商品消费的不断扩展和深入，人与人的关系被"去个性化"和"货币化"，货币作为社会关系物化的一般性规律而发生作用，"作为财富的一般代表，作为个体化的交换价值，货币也是一种双重手段，它使财富具有普遍性，并把交换的范围扩展到整个地球；这样就在物质上和在空间上创造了交换价值的真正一般性"③。

在人与人关系物化和货币化的过程中，社会虽仍然是人与人相互联系而形成的共同体，但这个共同体是基于人与人围绕货币而产生的联系而形成的，因此，对于每个身处其中的个体而言都是外在的、物化的和抽象的。正如马克思所言，"人们信赖的是物（货币），而不是作为人的自身。"④ "在货币上共同体只是抽象，对于个人只是外在的、偶然的东西；同时又只是单个的个人满足需要的手段。古代共同体以一种完全不同的个人关系为前提……任何生产都是个人的物化。但是，在货币（交换价值）上，个人的物化不是个人在其自然规定性上的物化，而是个人在一种社会规定（关

① 《马克思恩格斯选集》第 1 卷，人民出版社，1995，第 67 页。
② 《马克思恩格斯全集》第 46 卷（上），人民出版社，1979，第 174 页。
③ 《马克思恩格斯全集》第 46 卷（上），人民出版社，1979，第 175 页。
④ 《马克思恩格斯全集》第 46 卷（上），人民出版社，1979，第 107 页。

系）上的物化，同时这种规定对个人来说又是外在的。"① 物化社会中的人正是通过人们对货币的依赖，顺利地将货币发展为支配现实的普遍性。也就是马克思所说的，"货币对个人的关系，表现为一种纯粹偶然的关系，而这种对于同个人个性毫无联系的物的关系，却由于这种物的性质而赋予个人对于社会，对于整个享乐和劳动等等世界的普遍支配权。"② 货币成为一切人赖以生存的一般实体，即每个人和自身生活间的中介；同时也是一切人生产与消费的共同产物，是人与人社会关系的纽带，进而成为社会关系本身。

4. 马克思的休闲理论

与之前马克思直接讨论生产与消费不同，马克思的休闲理论是对消费活动的间接研究与探讨。马克思首先对时间进行了区分与研究，马克思从现实的、具体的人的角度来讨论时间，他所关注的时间既不是抽象的时间，也不是纯粹的自然时间，而是社会时间，这种社会时间在形式上能体现人类社会发展以及人类实践活动历史进程，在本质上则是自然时间的社会化。马克思指出，"时间实际上是人的积极存在，它不仅是人的生命的尺度，而且是人的发展的空间。"③ "人的感性就是形体化了的时间，就是感性世界自身的存在着的反映"，"人的感性就是一个媒介，通过这个媒介，犹如通过一个焦点，自然的种种过程得到反映，燃烧起来照亮了现象界。"④ 在社会时间的基础上，马克思区分了"劳动时间"和"非劳动时间"，马克思认为，自由时间是"不被直接生产劳动所吸收，而是用于娱乐和休息，从而为自由活动和发展开辟广阔天地。"⑤ 而如果个人的"全部时间都成为劳动时间，从而使个人降到仅仅是工人的地位，使他从属于劳动"⑥，那么这个人就不是真正意义上自由的人、完全的人。因此，马克思所说的休闲是人们在自由时间内开展自由活动的过程，从本质上说，休闲生活应该就是一种消费生活。"从广义上理解，休闲类同于消费，它既消费物质和精神产

---

① 《马克思恩格斯全集》第46卷（上），人民出版社，1979，第176页。
② 《马克思恩格斯全集》第46卷（上），人民出版社，1979，第171页。
③ 《马克思恩格斯全集》第47卷，人民出版社，1979，第532页。
④ 《马克思恩格斯全集》第40卷，人民出版社，1982，第232页。
⑤ 《马克思恩格斯全集》第26卷（第Ⅲ分册），人民出版社，1974，第281页。
⑥ 《马克思恩格斯全集》第46卷（下），人民出版社，1980，第222页。

品，又在消费中恢复和发展人的机能，促进人的发展，是生活中的消费与消费中的生产的统一。从狭义上讲，休闲不一定等于消费，因为如果某人在一段休闲时间里只顾休息而不进行任何产品的消耗，因此谈不上休闲消费。但是休闲又与消费不可分，消费地位的界定是对休闲合理性的一种十分间接的隐喻。"①

马克思认为真正的生产是作为人的生产，"假定我们作为人进行生产。在这种情况下，我们每个人在自己的生产过程中就双重地肯定了自己和另一个人"②。也就是说，如果个人是在自由的状态下进行的生产，即作为人进行生产，那么在这个生产活动中，个人不仅展现了人的本质力量，实现人的意识的对象化，同时在把产品提供给他人消费时，也得到了他人的肯定（符合或满足了他人的需求），这样的生产才是真正符合生产者和消费者的个人价值。而现实中，特别是资本主义的生产是异化了的生产，"我是为自己而不是为你生产，就象你是为自己而不是为我生产一样。我的生产的结果本身同你没有什么关系，就象你的生产的结果同我没有直接的关系一样。换句话说，我们的生产并不是人为了作为人的人而从事的生产，即不是社会的生产。也就是说，我们中间没有一个人作为人同另一个人的产品有消费关系。我们作为人并不是为了彼此为对方生产而存在。"③ 正是因为个人不是作为人进行的生产，在生产中也不是出于"自己对自己以及他人对自己"的个人价值的双重肯定，而是出于被资本奴役和压迫下不得不做出的"劳动"，同样，这样条件下的消费也不是真正的消费，即消费者的消费不是出于对"他人"（生产者）个人价值的肯定，而是出于对自身需要的直接满足。这种意义下的消费仅仅体现为个人生命的延续及生存的满足，而不是个人价值及人的本质的发现与创造，更不是人自由全面发展的逻辑展现。

马克思区分了资本主义条件下的生产消费和个人消费，并进而阐述了资本主义工人消费和资产阶级消费的特殊性与不同。马克思认为："生产消费与个人消费的区别在于：后者把产品当作活的个人的生活资料来消费，

① 张永红：《马克思的休闲观及其当代价值》，湖南人民出版社，2010，第160页。
② 《马克思恩格斯全集》第42卷，人民出版社，1979，第37页。
③ 《马克思恩格斯全集》第42卷，人民出版社，1979，第34页。

而前者把产品当作劳动即活的个人发挥作用的劳动力的生活资料来消费。因此，个人消费的产物是消费者本身，生产消费的结果是与消费者不同的产品。"① 在资本主义条件下，工人的消费兼具生产消费和个人消费双重特征，既是满足工人自身的需要，又满足资本主义再生产的需要。"工人象每一个作为主体处在流通中的个人一样，是一种使用价值的所有者；他把这种使用价值换成货币，即财富的一般形式，但这只是为了再把财富的一般形式换成商品，换成他的直接消费对象，满足他的需要的资料。"② 工人不是作为真正的人来进行生产，其生产当然也不是人的本质力量的对象化，而是将自身的本质力量商品化，换成财富的一般形式，而这种商品化的意义仅仅是为了满足其自身的需要，客观上也满足了资本主义再生产以及资本主义生产关系再生产的需要。工人的本质力量蜕变成了其自身的使用价值，而工人的消费则变成了"劳动力的再生产"。被异化了的工人消费完全是处于受资本主义经济理性支配的地位，为了更好地符合资本主义经济理性，工人的消费也有了进步和发展。"工人参与更高一些的享受，以及参与精神享受——为自身利益进行宣传鼓动，订阅报纸，听讲演，教育子女，发展爱好等等——这种使工人和奴隶区别开来的分享文明的唯一情况，在经济上所以可能，只是因为工人在营业兴旺时期，即有可能在一定程度上进行积蓄的时期，扩大自己的享受范围。"③ 但这种工人消费的增长，并不能改变其异化的本质。"在工人自己所生产的日益增加的并且越来越多地转化为追加资本的剩余产品中，会有较大的部分以支付手段的形式流回到工人手中，使他们能够扩大自己的享受范围……但是，吃穿好一些，待遇高一些，特有财产多一些……不会消除雇佣工人的从属关系和对他们的剥削。由于资本积累而提高的劳动价格，实际上不过表明，雇佣工人为自己铸造的金锁链已经够长够重，容许把它略微放松一点。"④ 与工人消费异化相对应的是资产阶级消费的庸俗化。资产阶级"心甘情愿地丢掉人的本性，而去一味追求'幸福'，只想吃得好，喝得好；它把丑恶的物质享受提到了至

① 《马克思恩格斯全集》第23卷，人民出版社，2004，第214页。
② 《马克思恩格斯全集》第46卷（上），人民出版社，1979，第241~242页。
③ 《马克思恩格斯全集》第46卷（上），人民出版社，1979，第246页。
④ 《马克思恩格斯全集》第23卷，人民出版社，2004，第713~714页。

高无上的地位，毁掉了一切精神内容。"① 资产阶级成为有钱有闲阶级，他们的消费"仅仅作为短暂的、恣意放纵的个人而行动，并且把别人的奴隶劳动、人的血汗看作自己的贪欲的虏获物，因而把人本身——因而也把他本身——看作毫无价值的牺牲品他把人的本质力量的实现，仅仅看作自己放纵的欲望、古怪的癖好和离奇的念头的实现。"②

三 中国消费文化理论研究

在中国，对城镇化与消费文化变迁的研究几乎很难找到直接相关的著作和论文。但是关于城镇化对消费的影响这一问题的研究学术界有一些成果，主要体现在期刊论文和学位论文上，相关的著作鲜有出版。论文成果方面的研究主要有三个视角：一是通过数据分析来实证研究城镇化对消费的整体影响。如蒋南平教授基于中国 1978～2009 年的相关数据具体分析了城镇化对农村居民消费影响作用，其结论是"从总体来看，中国城镇化发展对农村消费需求的增长具有正向推动作用。中国城镇化发展对农村居民消费增长的长期效果明显大于其在短期内的作用，而城镇化发展导致的农村居民收入水平提高对农村消费需求的增长的短期效果更为明显"③；再如潘明清教授使用 1996～2011 年的省级面板数据实证检验了城镇化进程对居民消费的影响，其结论是"城镇化的积聚效应会促进居民消费，其外部成本效应则阻碍居民消费增长，而经研究发现，城镇化的积聚效应大于外部成本效应，所以总体而言，城镇化促进了居民消费增长"④。二是对城镇化与消费之间的关系进行研究。例如，廖进中教授对湖南省农村居民消费启动与城镇化的关系进行了实证研究，其结论是"城镇化长期内有利于农村居民消费率的提高，启动农村居民消费的作用要大于城镇居民消费；农村居民消费变动又是促进城镇化进而实现城乡统筹发展的重要因素"⑤；再如

① 《马克思恩格斯全集》第 1 卷，人民出版社，1956，第 636 页。
② 《马克思恩格斯全集》第 42 卷，人民出版社，1979，第 141～142 页。
③ 蒋南平等：《中国城镇化与农村消费启动——基于 1978～2009 年数据的实证检验》，载《消费经济》2011 年第 2 期，第 25 页。
④ 潘明清等：《我国城镇化对居民消费影响效应的检验与分析》，《宏观经济研究》2014 年第 1 期，第 118 页。
⑤ 廖进中等：《湖南农村消费启动与城镇化关系的实证研究》，《消费经济》2009 年第 2 期，第 39 页。

蒋勇等老师利用 1980~2012 年的数据对城镇化、产业结构与消费结构三者的互动关系进行了实证研究，其结论是"产业结构与消费结构存在双向作用机制，而城镇化与产业结构、消费结构之间存在单向因果关系，城镇化对产业结构、消费结构升级具有极为显著的拉动作用"[1]。三是城镇化对于某一领域消费的影响。例如，黄震方教授等通过 1994~2011 年的旅游经济数据研究了城镇化进程对农村居民旅游消费的影响，其结论是"城镇化对农村居民旅游消费增长呈单向因果作用关系，城镇化是刺激农村居民旅游消费的重要力量"[2]。再如王黎明教授等利用我国 30 个省市 2000~2011 年的面板数据，实证分析了金融发展、城镇化和经济发展对能源消费的动态影响，其结论是"城镇化和金融发展对能源消费具有长期的正向影响效应，但经济发展对能源消费的影响为负；能源消费对金融发展有正向的促进作用，而能源消费对城镇化具有负向影响"[3]。

在学位论文成果方面，研究成果亦不算丰富，散见于一些硕士毕业论文之中。例如，复旦大学高娟的《我国城镇化发展与城乡居民消费关系研究》，湖南大学周微的《我国城镇化发展对居民消费的影响研究》，湖南师范大学陈略的《城市化对扩大居民消费需求的影响——以湖南省为例》，西北大学潘龙的《城镇化发展对城乡居民消费的影响研究》等，这些研究在视角和方法上较为相似，结论也趋于一致，一定程度上流于同质化和重复研究。也有一些论文的视角较为新颖，如中国农业科学院刘磊的《城镇化视角下的中国肉类消费研究》，其在对中国肉类消费情况进行细分归纳的基础上，分析了城镇化对于居民肉类消费的动态影响，并提出了适应城镇化条件下居民消费特征的肉类产业政策框架。

中国对于消费文化的研究也起步相对较晚。1985 年，杨成锡提出"文化消费"这一概念；1989 年李新家发表《消费文化和文化消费》，正式开始探讨物质生活和文化生活总的消费，提出使"消费成为一种文化，成为物

---

① 蒋勇等：《城镇化、产业结构与消费结构互动关系的实证研究》，《工业技术经济》2015 年第 1 期，第 20 页。

② 余凤龙等：《中国城镇化进程对农村居民旅游消费的影响》，《经济管理》2013 年第 7 期，第 125 页。

③ 王振红：《金融发展和城镇化对能源消费的影响机理研究》，《统计与决策》2014 年第 17 期，第 135 页。

质文明和精神文明的表现形式。"[①] 1985～1992 年，中国在消费文化方面，特别是在精神文化消费方面，开始投入了较多的研究。这一时期，受到国家经济发展及相关政策的影响，比较注重城乡居民文化消费结构的研究，强调文化消费对物质消费的制约。[②] 在此之后，经济学家于光远 1992 年发表《谈谈消费文化》、经济学家尹世杰 1995 年发表《关于消费文化的几点思考》《略论消费文化》等论文，消费文化开始成为独立于消费研究之外的一个全新的研究领域。中国对于消费文化的研究主要集中在以下几个方面。一是对国外消费文化理论的译介，二十年来，国外许多关于消费文化领域方面的前沿著作得到了翻译和介绍，并对国内相关领域的研究起到了极大的推动作用，如西莉亚·卢瑞的《消费文化》、让·鲍德里亚的《消费社会》、迈克·费瑟斯通的《消费文化与后现代主义》等。二是关于消费文化学科建设方面的探索，如对消费文化概念的探讨、消费文化基本问题的研究、消费文化研究范式和理论框架的搭建等，如于光远《谈谈消费文化》、尹世杰《关于消费文化的几点思考》、《略论消费文化》等论文的发表；一系列消费文化教材和著作的涌现，尹世杰《消费文化学》、杨魁等的《消费文化——从现代到后现代》等，为创建消费文化学科奠定了基础。三是开展了消费文化与各学科的交叉研究，如今国内对消费文化的研究可以在社会学、经济学、历史学、心理学、文学等多个学科上体现。进入 21 世纪的消费文化研究，其研究内容更加完整、形式更为多样，人们对消费文化的认识也更为全面，研究成果也更为丰富。

就具体研究视角而言，主要有三种：一是基于哲学的视角，其研究内容主要是沿袭西方马克思主义对当代资本主义社会的批判性；二是基于后现代社会（或后工业社会）的视角，其主要是从经济学和社会学交叉的视野出发，区分传统社会和"消费社会"的不同特征；三是基于大众传播的视角，主要是从现代传媒与"消费社会"互动的角度来开展研究。总体而言，虽然研究的方向和角度各不相同，却大体基于一个共识：中国正经历着从生产为主导的生产型社会到以消费为主导的"消费社会"的社会转型

---

① 李新家：《消费文化和文化消费》，《消费经济》1989 年第 2 期，第 38 页。
② 杨魁、董雅丽：《消费文化理论研究——基于全球化的视野和历史的维度》，人民出版社，2013，第 9 页。

过程；人们的消费不再是关注物品的使用价值，而是物品背后的文化意义及符号意义；现代传媒的发展，特别是广告业的发展则加速了这一变化的进程。

第三节 研究思路、方法与创新

一 研究思路

就整体思路而言，本书借鉴中西方各种理论，主要是为研究中国之情况。本书试图将中国城镇化作为一个影响消费文化变迁的视角来展开对消费文化变迁的讨论和梳理。在理论研究与应用研究的过程中，注重一般理论层面的阐述与中国的特殊情况相结合，注意区分西方情况与中国的不同，注意区分历史情况与现实的不同，特别是，由于中国的城镇化是一个未完成的过程，本书还进一步讨论其与工业化、信息化、智能化、金融化以及生态化的深层互动给人们的消费行为及消费文化带来的当下实际影响与未来的可能影响。就具体思路而言，本书通过探寻城镇化与消费文化变迁的内在机制和路径，回顾城镇化与消费文化变迁的历史关系，认清城镇化与消费文化变迁的现实关联及思考城镇化与消费文化变迁的未来走向，其目的是要寻找通过建设新型的城镇化来引导消费文化健康发展。

本书一共分为六章。

第一章绪论，介绍文章的研究背景、意义、国内外相关的研究综述及研究思路与方法；

第二章探寻城镇化与消费文化变迁的内在机制和路径，为本书的整个研究奠定一个基本框架。本章对消费文化的意蕴、城镇化的维度做出了界定，同时提出了本书研究的方法论原则，即总体性与中介的统一。本书从总体性的层面来讨论消费文化，将消费文化视为一种总体性存在，并将其变迁过程作为本书的研究对象。消费文化变迁的历史性、历时性、空间性、结构性统一所呈现的总体性，也自然是由多路径有机构成的体系、系统和图式来完成，而这些中介形式都是在城镇化这一历史背景中发生作用，并与之关联。城镇化通过一定形式的路径、通道来实现对消费文化变迁的影响，这些路径、通道通过多样式的中介为载体。生产和生活是人类生存的两大历史主题，也是影响消费文化变迁的两大中介，即城镇化主要是通过这两条路径来实现对消费文化的影响。一是城镇化通过影响生产方式来形塑消费文化；二是城镇化通过影响生活方式从而建构消费文化。

第三章回顾城镇化与消费文化变迁的历史关系。广义的城镇化包含城镇发展给城乡关系带来的变化。不同的历史时期，城乡关系各不相同。总体而言，可以分为两个大的历史阶段：一是乡村经济主导下的城乡关系，二是城市经济主导下的城乡关系。这两个历史阶段下的城镇化特点各有不同，本章就是通过回顾乡村经济主导下城镇化与消费文化变迁和现代城镇化萌芽时期的消费文化变迁来梳理历史上城镇化对消费文化变迁产生的影响及产生影响的具体路径与方式。

第四章探讨城镇化与消费文化变迁的现实关联。通过对中华人民共和国成立后第一个三十年和改革开放之后的三十年的两大历史阶段城镇化与消费文化变迁的分别论述，来梳理不同阶段城镇化对消费文化变迁产生的影响。通过问卷调查、访谈等手段归纳、总结当下消费文化发展现状，并对当下消费文化做出总体评价。

第五章思考城镇化与消费文化变迁的未来走向。通过对当下消费文化的梳理与反思，思考在未来城镇化的过程中，如何引导消费文化健康发展。提出必须依靠生产生态化和生活生态化来消解现有消费文化的异化因素，从而引导消费文化持续、健康发展。

第六章结语。对本书进行总结和梳理。

二 研究方法

抽象上升到具体。抽象上升到具体是马克思主义最重要的辩证思维方法之一，也是本书构建理论结构及展开现实分析的主要方法之一。本书从最一般意义上的城镇化与消费文化变迁的内在机制与路径分析入手，通过抽象分析，得出城镇化影响消费文化变迁的两大路径，即生产方式和生活方式，再将抽象上升到具体，将这一分析运用到城镇化与消费文化变迁的历史关系、现实关联和未来走向的研究之中，将这一分析具体落实到不同的历史阶段、社会条件和生活现实当中，从而将研究与实际生活紧密联系，显现了研究的现实意义。

总体性与中介的统一。本书从总体性的层面来讨论消费文化，将消费文化作为一种总体性存在来看待，同时将其变迁过程作为本书的研究对象。消费文化变迁是由多路径有机构成的体系、系统和图式来完成，而这些中介形式都是在城镇化这一历史背景中发生作用。城镇化通过一定形式的路径、通道来实现对消费文化变迁的影响，这些路径、通道通过多样式的中介为载体。生产和生活是人类生存的两大历史主题，也是影响消费文化变迁的两大中介。

定性分析与定量分析。在定性研究中，揭示城镇化与消费文化变迁之间的历史关系、互动机制、现实关联与未来走向；在定量研究中，从消费对象、消费结构、城镇化等数据入手，揭示与论证城镇化与消费文化变迁的相互关系。

跨学科分析方法。消费文化的研究需要多学科的理论支撑，本书运用多学科的知识，相互交融地研究消费文化这一具有综合性、复杂性的问题。

三　创新之处

本书重点在于揭示城镇化与消费文化变迁的历史关系、互动机制、现实关联与未来走向，创新之处在于视角创新和研究方法创新。就视角而言，即从城镇化与消费文化变迁的互动来研究消费文化，因而在研究视角上有一定新意；就方法而言，即根据"总体性与中介的统一"这一方法论原则，将"消费文化"作为"总体性"加以对待，将"生产方式"和"生活方式"看作影响消费文化"总体性"的中介，因而在研究方法上有所创新。

第二章
城镇化影响消费文化变迁的路径分析

城镇化与消费文化在本质上是互动的：城镇化的发展推动消费文化的变迁，消费文化的变迁也反作用于城镇化，对城镇化的规模、速度、效率、结构、结果产生多方面的影响。但出于对本书逻辑线索一致性的考虑，本书只讨论城镇化对消费文化变迁的影响机制以及消费文化在城镇化影响下实现变迁的多路径图式。

第一节　路径分析的方法论原则

一　消费文化的意蕴

和物质资料的生产一样，物质资料的消费也是人类基本的实践活动形式之一。随着社会生产的进步、物质财富的增加，都给现代社会生活的主体提供了更多的物质生活资料与精神生活资料，使人们的消费有了更多的可能。

（一）消费首先是一种经济现象

"消费"一词，汉朝即已出现，可解释为"消磨、浪费"之意。在《汉语大词典》中对消费的解释为"为了生产和生活而消耗物质财富"，显然消费已从略带贬义之词而转化成为一种经济行为的描述。① 恩格斯在谈到对生

---

① 杨魁、董雅丽：《消费文化——从现代到后现代》，中国社会科学出版社，2003，第4页。

活的理解时说过，一要生活，二要享乐，三要发展；从这个角度，消费就是个体在其生活、享乐、发展过程中消耗物品或服务的行为；马克思把生产、分配、交换、消费作为社会生产总过程的四个环节，消费成为与生产相对应的概念，包括对生产资料的消费以及对生活资料的消费。由于资源的稀缺性和生产力发展的客观性，长期以来人们对于消费持谨慎态度。在人类社会早期，甚至到了奴隶社会时期，只有少数人在温饱之余能获得更多的消费；欧洲的中世纪教会更是在教义与道德的旗帜下，宣扬非理性的禁欲主义；资本主义萌芽至资本主义发展早期，古典政治经济学家，诸如威廉·配第、亚当·斯密等人对消费仍主张因资本积累而节制消费；直到19世纪后期，由于第二次工业革命的开展，生产力的迅速发展，福特制标准化、机械化的生产方式带来了大量的工业产品进而成为消费品，人们开始大量消费，有些新兴富裕阶层甚至出现"炫耀性消费"；在20世纪资本主义经济大萧条之后，凯恩斯甚至赞成"浪费性消费"（私人浪费性开支与公共浪费性支出等）。显然，消费成为拉动经济增长的一驾重要"马车"。

（二）消费也是一种文化现象

消费作为人的基本实践活动形式之一，也是人特有的存在方式。消费从本质上讲具有文化意蕴。从广义来看，"消费即文化，文化即消费"[①]；从狭义来看，消费是在社会中发展起来的一种特殊文化[②]。从某种程度上讲，消费就是人们的生活方式，而人们要生活，就要有生活资料。一方面，生活资料包括物质生活资料和精神生活资料，作为生存方式的消费当然包括对物质生活资料的消费以及精神生活资料的消费；另一方面，人们对物品的消费也绝不局限于对其使用价值的用度，而是包括文化价值及文化意义。中国自古就有"买椟还珠"的故事，"买珠之人"舍本逐末的同时，实际上也表达了古人对物品款式、形式等外在文化意蕴的重视；所谓"洛阳纸贵"也充分地说明了精神生活资料在人们日常消费中所占的重要地位。玛丽·

---

① 浦心文：《论消费文化》，《中国消费者报》1997年3月17日。

② 杨魁、董雅丽：《消费文化——从现代到后现代》，中国社会科学出版社，2003，第17页。

道格拉斯认为，"即使是日常生活中最常用物品的使用也有文化含义"①；凡勃伦提出的"炫耀性消费"、布尔迪厄提出的"品位""趣味性消费"、鲍德里亚的"符号""意义"等，都更为看重物品消费的象征意义和文化意义；西莉亚·卢瑞认为，"消费文化是当代信仰的根源，即自我认同是一种文化资源、资产或占有"。②

（三）消费同时还具有生态意蕴

消费是经济现象（或称商业现象）和文化现象，发端于资本主义社会的消费主义其实质更是资本主义生产主义逻辑的延伸，但消费不只是经济现象和文化现象，而且还是生态现象，不仅反映人与人的关系，还同时体现人与自然的关系。人与自然的关系体现在消费中则表现为人的生态需要。"生态需要是人们最基本、最重要的消费需要，对人的生存和发展、对满足人的消费需要具有极端重要性。"③ 生态需要体现一种消费价值取向，这种取向会通过消费主体自我及其生活方式的改变而得到体现。各式各样的户外运动、各种公园游憩场所、从直线式到循环式的生活方式都体现了人们消费方式的生态性，都是消费者生态需要的直接表达。因此，尽管中外学者对消费文化的定义各有不同，如鲍德里亚认为，"消费文化就是在消费社会人们消费中所表现出来的文化"④；西莉亚·卢瑞则认为"风格化过程是对消费文化最恰当的解释"⑤；迈克·费瑟斯通认为，"消费文化的一个重要特征就是，商品、产品和体验可供人们消费、维持、规划和梦想"⑥；杨魁认为，"消费文化就是人类所创造的各类消费相关因素的综合"⑦ 等；但通过上述分析我们仍可以对消费文化的界定有一个大致的框架。经济学家尹世杰指出，人们的消费分为物质消费、精神消费和生态消费三大类，消费

① 〔美〕西莉亚·卢瑞：《消费文化》，张萍译，南京大学出版社，2003，第 10 页。
② 〔美〕西莉亚·卢瑞：《消费文化》，张萍译，南京大学出版社，2003，第 7 页。
③ 尹世杰：《消费需要论》，湖南出版社，1993，第 267 页。
④ 杨魁、董雅丽：《消费文化——从现代到后现代》，中国社会科学出版社，2003，第 22 页。
⑤ 〔美〕西莉亚·卢瑞：《消费文化》，张萍译，南京大学出版社，2003，第 3 页。
⑥ 〔英〕迈克·费瑟斯通：《消费文化与后现代主义》，刘精明译，译林出版社，2000，第 166 页。
⑦ 杨魁、董雅丽：《消费文化——从现代到后现代》，中国社会科学出版社，2003，第 23 页。

文化也就应该分为物质文化、精神文化和生态文化三大类①。至此，我们可以对消费文化的含义作如下界定：消费文化是一种特殊文化形式，其特殊性在于它是人们在其生活方式和消费价值观念指引下，通过对物质、精神、生态资料的消费而展现出来的。

消费文化也具有自身的结构。消费文化包含三个层面的内容：核心层、外围层和粘连层。其中第一层是核心层，主要是指消费观，即消费思想、消费取向、消费目标等；第二层是外围层，主要是指消费品（消费对象），即各种产品和服务，是不同消费文化的物化或称为消费文化的物质载体；第三层是粘连层，主要是指消费方式②，消费方式是连接消费观和消费品的桥梁，即人们在其消费观的指导下，以何种形式去消费各种消费品。消费观是人们对消费行为的反映，即人们对消费行为的认识、观点的总和。消费观实质上反映的是一种价值评价关系，它体现的是消费品的属性对于消费者的满足程度，是消费者对消费品有无价值或价值大小的评价标准和原则。消费品是消费者消费的各种劳动产品或服务的总和，消费品的生产与消费都可以体现当时当地的消费文化，消费品可以是基本的生活资料，也可以是较为高级的耐用消费品，还可以是某些人借以"彰显身份和地位"的奢侈品，当然也可以是各种有形的、无形的服务和体验，它不仅体现为物质、精神、生态消费资料在量上的总和，更通过其结构来反映社会经济、文化的总体特征。消费方式是消费者进行消费的具体形式，从根本上来说，消费方式由生产方式、生活方式决定，但同时也可以受消费环境、消费者自身和其他社会因素的制约，特别是受当时当地的价值观念的影响。

综上，消费文化既可以是一个群体、一个民族、一个国家的，也可以是个人的，然而不管其主体是什么，消费文化都是消费者消费什么、怎么消费以及消费观念的统一。对消费文化的研究与思考，有着多种思路与视角，而城镇化无疑也是一个值得探究的切入角度。

---

① 尹世杰：《消费需要论》，湖南出版社，1993，第20页。
② 本书从狭义角度来理解消费方式，即消费者通过何种方式来消费其消费对象，广义消费方式包含消费观。

二　城镇化的维度

　　城镇化就起源而言是伴随着工业资本主义发展而席卷全球的，对于中国而言，则是我国社会主义建设的重要内容。在讨论城镇化之前，需要对"城镇化"与"城市化"进行一个简要的说明。冯奎研究员指出，"英文只有一个 urbanization，中国政策语言使用'城镇化'，而不是用'城市化'与之对应。一定意义上，城镇化就是中国特色的城市化"。[①]"在中国政府文件中，一直用城镇化而非城市化一词……城镇化就是具有中国特色的城市化"。[②] 本书认同这一观点，并从广义的角度来理解城镇化，它包含两个层面的意义。一是在讨论城镇化历史进程及其与消费文化变迁的历史关系时，城镇化就是城市化；二是在讨论城镇化与消费文化的现实关联及未来走向时，城镇化则暗含中国特色的城镇化之路与城镇化政策之特征。本书思考和讨论的中心问题是消费文化之变迁，但又不是一般性地对此加以讨论，而是将消费文化的变迁如实地看成一个动态的过程，在这个过程中，有诸多因素对之产生或大或小以及不同层面的影响。城镇化从静态的层面来看，是一定社会条件下社会存在、社会意识、社会生活状态的集中反映与变化结果，而从动态层面或者以过程论的角度来看，城镇化又是推动社会存在、社会意识、社会生活、社会文化包括消费文化变迁的重要力量。因此，本书不是孤立地对城镇化加以讨论，也不是单一地就城镇化而论城镇化，而是将城镇化与消费文化变迁联系起来思考，将城镇化作为消费文化变迁的重要推动力量来看待，或者说城镇化是本书对消费文化研究的一个视角。正是基于这样的研究基点，所以，本书对城镇化的讨论仅从其与消费文化相关的维度来讨论。

　　而事实上，从城镇化对消费文化变迁的影响视角来看待消费文化的变迁，既符合中国文化传统也符合马克思主义理论视角。从中国传统经验来看，空间主要是指"人化"空间，是指"经由器物所指明的空间，包括物质的实体部分（'有'）及其包容或承载的虚体部分（'无'）"。[③] 实体

[①]　冯奎：《中国城镇化转型研究》，中国发展出版社，2013，第 2 页。
[②]　冯奎：《中国城镇化转型研究》，中国发展出版社，2013，第 15~16 页。
[③]　武延海等：《空间共享——新马克思主义与中国城镇化》，商务印书馆，2004，第 5 页。

空间具有层次性，一家一室、一村一城、四海天下，以土地为纽带的空间组织，以及以对土地的所有及对其依赖为核心的经济组织，控制着整个传统中国社会的社会关系与国家秩序。人居既是空间行为也是社会行为，既是生产行为也是消费行为。就马克思主义的理论视角而言，马克思曾指出资本主义生产关系的产生须以一切前资本主义生产关系的解体为前提，"在所有这些解体的过程中，只要更详尽地考察便可发现，在发生解体的生产关系中占优势的是使用价值，是以直接使用为目的的生产。交换价值及其生产，是以另一种形式占优势为前提的"。① 也就是说，马克思认为资本主义生产与一切前资本主义生产的主要区别在于，资本主义从事的是"交换价值"的生产，而前资本主义从事的则是"使用价值"的生产。中国的城镇化实质上应该是社会主义空间生产，社会主义空间生产和资本主义空间生产的目的和意义不同，社会主义城镇化或空间生产的目的在于满足人们的空间需求，使用优于交换。然而由于一些历史条件的限制，在快速城镇化的过程中，对于空间生产的目的也出现了一些偏差，"交换"优于"使用"从而"交换价值"胜于"使用价值"的空间生产也在一定程度上存在，这对于中国城镇化而言是某种程度的异化，而城镇化的异化也就有可能会带来消费文化上的异化，这也就为本书的逻辑展开提供了一条基本的线索。

三 总体性与中介的统一：一种方法论的建构

（一）作为总体性的消费文化

本书从总体性的层面来讨论消费文化。消费文化作为一个总体性存在，其自身的变迁过程是本书的研究对象。消费文化作为一个总体性存在可以从多个维度加以理解：消费文化是一个历史性存在，消费文化总是某一特定历史阶段的消费文化，并会随着时间的变化而发生变迁，任何一个当下的具体的消费文化都是由传统消费文化和现代消费文化的碰撞而产生，因而其既体现传统性特征，又彰显现代性元素；消费文化也是一个结构性存在，有着自身内含的层次与结构，是消费观、消费对象及消费方式的统一，

① 《马克思恩格斯全集》第 46 卷（上），人民出版社，1979，第 505 页。

每一特定历史时期的消费文化总是体现着其内在结构性要素的状态及其相互关联；消费文化还是空间上的总体，消费主体在空间上的位移会带来消费文化的变迁，消费空间的嬗变会推动消费文化发生流变，消费主体及消费空间的流动加剧了消费文化的变迁与漂移。

作为本书路径研究方法论原则的总体性思维方式和马克思主义的实践思维方式有着内在的同一性，"在马克思主义的实践思维看来，人们能够观念地、实践地把握的对象是对象化活动中的对象性存在，既不是同一性的抽象本体，也不是思辨的观念总体，而是实践统一基础上的现实存在和现实过程。"① 换言之，运用总体性思维来研究消费文化变迁，既不是抽象地概括，也不是思辨地把握，而是在消费文化变化、发展的实践基础上来讨论消费文化的现实存在与历史过程。

研究消费文化的现实存在与历史过程，也不同于简单的、抽象的还原主义。抽象的还原主义要求抽象掉历史性的经验事实，去除现象序列的历史现象，而目的只是追求本质序列的轮廓和原则，而这一本质也多是具有永恒性的本质，而非相对的和具体的历史的本质，换言之，用逻辑性代替历史性，没有做到真正的逻辑和历史的统一，因而也不能真正还原消费文化的历时性，不能真正讲清消费文化与所处特定时空的内在关联，其实质是机械的、形而上学的、抽象的概括，而不是将其视为一个过程的动态总体来考察。因此，"时间""空间""结构"的有机统一是运用总体性原则理解消费文化的重要基础。

（二）作为中介的具体路径

中介是卢卡奇文化哲学批判的核心，本书提及的中介则是通往总体性的路径。总体性既是一种存在方式，即现实存在；又是一种思维方式，是与中介性思维对立统一的过程性思维，即现实过程。中介性思维所指证的过程，不是对总体性目标的否定，而是通往或实现总体性的路径或方法。

总体性是过程的，也是具体的。具体的总体性必须与具体的中介相结合，才能真正做到具体化，也才能真正挣开抽象的束缚。总体性是辩证的，也是实践的。总体性只有做到理论和实践的结合，才能是批判的和革命的，

---

① 罗骞：《总体性的马克思主义》，《光明日报》2015 年 5 月 27 日，第 14 版。

才能是对现实生活有意义的，而与实践的结合便是中介的功能。中介不仅具有具体的、实践的、历史的、革命的功能，对于本书的研究而言，消费文化变迁的中介是时间、空间总体的统一，其形式也是多样的。中介功能的发挥与实现，需要有现实的载体，而现实的载体并不是单一的，而是多元的。中介既可以是社会存在这一类的物质性存在，也可以是诸如卢卡奇最强调的阶级意识这一类的意识性内容，还可以是最为普通、最为平凡的日常生活及生活方式。

中介形式的多样性，直接决定了实现总体性的路径是多元的、交错的。消费文化变迁的历史性、历时性、空间性、结构性统一所呈现的总体性，也自然是由多路径有机构成的体系、系统和图式来完成，而这些中介形式都是在城镇化这一历史背景中发生作用，并与之关联。为了行文及逻辑思路的通畅性，本书对中介的研究进行分别的表述与讨论，但这并不意味着各种中介形式之间是互不关联和彼此分离的，更不意味着中介体系所承载的路径系统内在各路径之间是孤立的。中介形式之间的互动关联是实现辩证总体性基本前提。

城镇化作为本书研究的一个时空背景，其对消费文化变迁具有重要影响，但本书所讨论的这些影响并非对时空与文化变迁关系理论的抽象运用，而是将时空背景的变换与具体的形式、路径、通道相结合，这些路径、通道就是城镇化时空变换对消费文化产生影响的具体中介。生产和生活是人类生存的两大历史主题，工作时间、业余时间构成了完整的人类生活时间，工作场所、生活场所是人类生活空间的两大组成部分，生产方式和生活方式体现了每一具体历史时期人们处理人与自然、人与自身关系的智慧结晶，是每一种消费文化在时空、结构上的具体体现。因而，城镇化正是主要通过这两条路径来实现对消费文化的影响的。一是城镇化通过影响生产方式来形塑消费文化；二是城镇化通过影响生活方式从而建构消费文化。

第二节　生产方式中介路径分析

生产方式是马克思主义政治经济学的核心范畴。对于生产方式的理解是多重的①，与狭义的生产方式②理解不同，本书从广义上来定义生产方式，将生产方式看成"把生产力与生产关系联系起来的中介关节或传导机制"③。广义的生产方式除了包括狭义的生产方式之外，还应关注到狭义生产方式所连接的生产力和生产关系，即衡量生产力水平的生产资料、劳动资料以及由生产方式所决定的经济基础和上层建筑。城镇化的根本动力是工业化，生产力的发展从而推动了城镇化。但城镇化本身并不只是生产力发展的意义，更具有生产方式变革的特征。"城"和"市"就其最初的含义而言是两个不同的概念，"城"主要是一般地域层面的理解，而"市"则是指交易的场所，是商品交换、流通、集散的中心。"城"可以不具有经济形态的意义，但是"市"却是商品经济形态的重要体现。而且，城市在经济结构，特别是产业结构上也具有明显的特征，自然也要求其上层建筑与之相适应。所以，对城镇化的理解首先应该从生产方式的角度来展开。

一　城镇化推动生产方式发生改变

城镇化的发展和生产方式的改进是相互推进的。城镇化是生产方式发展的结果，而生产方式的发展又会进一步促进城镇化的发展。严格意义上的现代城镇化是工业化的产物，是现代机器大工业的生产力进步、生产方式革新所带来的经济发展，以及由大工业制造带来的生产资料、生产要素大规模积聚，并由此引发的大规模市场和消费活动喷涌发展的总体。城市

---

① 对于生产方式的理解有多种认识：在传统上，我们习惯于简单地把生产方式定义为"生产力和生产关系的统一"，即把生产力看成生产方式的物质内容，把生产关系看成生产方式的社会形式，这种理解具有一定的普遍性，也具有一定的道理，但从严格意义来讲，不够准确。于金富教授认为：生产力是生产方式的物质基础，生产关系是生产方式的社会关系，生产方式是介于生产力和生产关系之间的中介范畴，而不是把生产力与生产关系包括在内的统一范畴（于金富：《生产方式理论：经典范式与现代创新》，中国社会科学出版社，2012，第21页）。其他一些学者也持有相近的观点，经济学家马家驹认为："马克思所讲的生产方式并不是生产力和生产关系的统一把这两者包括在自身之内，而是介于这两者之间从而把它们联系起来的一个范畴"（马家驹等：《生产方式和政治经济学的研究对象》，载《中国社会科学》1981年第11期，第105页）。
② 狭义的生产方式主要是指生产方法，如福特制生产方式等，其主要包含三个方面：一是生产条件，包括生产的技术条件和社会条件；二是生产形式，表现为劳动交换形式、资源配置方式以及劳动分配方式；三是生产的社会形式，表现为生产资料所有制形式和劳动的社会形式。
③ 李泽中主编《当代中国社会主义经济理论》，中国社会科学出版社，1989，第562~563页。

发展不仅是作为景观存在的城市建筑的更新，不仅是作为发展基础的道路桥梁高架等基础设施的升级，不仅是作为生产要素配置中心对社会经济产生控制力的加强，还是工业化所带来的人的聚集，以及由此而来的商业活动的繁荣。但这是从城市发展的起源的角度出发得出的结论。换言之，在城镇化早期的确是工业化推进城镇化的发展，而当城镇发展到一定阶段，城市空间已由"物质生产的场所、器皿、容器"等工具性、中介性功能转变为"对其自身的生产"时，物质生产趋向于空间生产，城镇化才开始承担其真正的历史使命，发挥其对社会政治、经济、文化、社会关系乃至社会形态的改造作用。在这样的历史阶段中，城镇化对生产方式、工业化等起着至关重要的作用。

（一）城镇化首先在生产资料、劳动资料上推动生产方式的变化

城镇化源于工业化，而工业化乃至现代经济一切发展的原始动力或者说源泉都是农业生产的发展。对城市发展的讨论不能脱离农村而单独展开。城镇化改变了城市与农村的经济地位，城市的发展重塑了农村经济的结构与功能。农村、农业的发展为城市的发展提供了足够的粮食供给和资本积累，当然还包括巨大的消费市场。农村和城市的生产在生产资料上有着较为清晰的界限，在现代意义的城镇化开启之前，农村的生产是以农业生产资料为主，城市以商业、贸易、流通功能为主，而伴随着现代工业的发展，现代城镇化不仅促进了城市自身生产结构的调整、生产资料以及劳动资料的改变，还通过与农村经济地位的不对等，而将其生产方式渗透、传感、散布至农村。农村除了源自传统生产方式留存的生产方法之外，还承接了大量城市梯度转移的生产过程，因而也逐渐改变了农村、乡镇的生产方式、方法以及生产资料、劳动资料的规模、属性。

（二）城镇化改变劳动生产的技术条件与社会条件

生产的技术条件体现在诸多方面，如劳动者、生产工艺、生产方法等，生产的社会条件则是生产过程的社会结合。在城市工业体系下，劳动者大多经过了专业的学习和培训，有的甚至有较高的学历和技术素养，因而在劳动熟练程度和生产技能掌握程度上明显和农民不同；城市工业体系在大众消费品的生产上，其生产工艺和生产方法也明显优于农村的生产技术条

件；在生产过程的社会结合方面，城市工业体系的生产与分工的协作显然更为成熟，其生产体系的组织性更为完善，涂尔干曾指出，"城市化是一个日益分工的过程，它使得人类文明从片段走向有组织"①，因此，城市工业体系在其生产组织形式上较以往而言有很大进步。

（三）城镇化改变生产形式即改变劳动交换形式和资源配置方式

马克思认为，"人的依赖关系（起初完全是自然发生的），是最初的社会形态……以物的依赖性为基础的人的独立性，是第二大形态……建立在个人全面发展和他们共同的社会生产能力成为他们的社会财富这一基础上的自由个性，是第三个阶段。"② 即 "以个人之间的统治和服从关系为基础的分配"③、"一切劳动产品、能力和活动进行私人交换"④、"共同占有和共同控制生产资料的基础上联合起来的个人所进行的自由交换"⑤ 分别为第一阶段、第二阶段、第三阶段，因此，从社会经济联系来看，人类社会有三种劳动交换形式，它们分别代表的是自然经济、商品经济和产品经济，而与之相对应的资源配置方式分别为自然（自发）调节、市场调节和计划（自由）调节。城镇化过程显然是伴随着社会和经济系统的系列转型而进行的，对于经济转型的理解可以是多维度的，既可以指自然经济向商品经济转型，也可以指经济体制或资源配置方式由计划为主转向以市场为主，还可以指经济结构由第一产业、第二产业为主转向以第三产业为主，抑或是经济增长方式由粗放型向集约型转变。而社会转型也可以理解为不同社会形态的转型以及乡村社会向城市社会的转型，即二元社会向一元社会的转型。

（四）城镇化改变生产的社会形式即生产资料所有制结构和劳动的社会形式

城乡的经济结构有着显著差异，所谓经济结构包括所有制结构、基础设施结构、产业结构等，其中，所有制结构是指各种所有制形式在经济运行、发展过程中的构成比重、所处地位、发挥作用等关系。以中国为例，

---

① 冯奎：《中国城镇化转型研究》，中国发展出版社，2013，第24页。
② 《马克思恩格斯全集》第46卷（上），人民出版社，1979，第104页。
③ 《马克思恩格斯全集》第46卷（上），人民出版社，1979，第105页。
④ 《马克思恩格斯全集》第46卷（上），人民出版社，1979，第105页。
⑤ 《马克思恩格斯全集》第46卷（上），人民出版社，1979，第105页。

所有制形式种类较多，简单划分可以分为公有制和私有制，而具体划分则可分为全民所有制、集体所有制、混合所有制、个体（私营）所有制、中外合资以及外商独资等，农村所有制结构以个体和集体所有制为主，城市所有制结构则更为完善，以全民所有制、集体所有制为主，多种所有制共同发展，在一些地理位置优越或基础设施完备的大城市，外资和合资经济发展迅速。劳动的社会形式是相对于劳动的自然形式而言的，按照马克思的观点，任何劳动首先是具有劳动的自然形式，其由劳动的一般物质内容决定，而社会形式具有体现劳动社会属性的特殊性，包括社会条件和历史阶段上的特殊性。城乡劳动在自然形式上的差异主要体现为生产技术上的不同，而在社会形式上则表现为各种社会条件、社会环境的不同。

（五）城镇化对上层建筑的改变具有重要影响

同一个国家同一个历史时期，城乡的经济基础没有很大差别，但是经济基础中的所有制结构却有所不同，以我国现阶段为例，同样是以公有制为主体，公有制的具体表现形式却不同，农村以集体所有制为主，城市则以全民所有制和混合所有制为主。而由经济基础决定的上层建筑在城镇化过程中，在农村向城镇转型、递进的过程中自然也要体现相应的改变。对于观念上层建筑、城乡意识形态整体而言是一致的，最多是对政治法律思想和主流意识形态的理解和掌握方面在程度上有所差别，但是政治上层建筑中的政治法律制度和政治法律设施还是能看出差异的。例如，较少规章制度是针对农村而制定的，设在农村的政治法律设施，如军队、法庭等则更少，甚至没有。因此，城镇化的过程本身就具有改变生产建筑的功能。

二　生产方式的改变推动消费文化变迁

（一）生产方式决定消费文化

生产方式决定消费文化，生产方式的变革推动消费文化的变迁；消费文化体现生产方式的性质与效率，消费文化的变迁反映并反作用于生产方式的转型，在这对辩证关系中，生产方式对消费文化的决定意义是主导。我们可以通过简单回顾资本主义社会这一特定时空下的生产方式与消费文化之间的历史变迁来说明这一关系。马克思指出，"人数较多的工人在同一时间、同一空间（或者说同一劳动场所），为了生产同种商品，在同一资本家的指挥下工作，这在历史上和概念上都是资本主义生产的起点。"① 资本主义生产方式正是通过生产要素数量的集中和协调运行，来体现劳动过程转化为社会过程的历史必然，同时客观上也推动了消费文化所处的历史时期由封建农耕文明时代转向工业城市文明时代。由于资本家的所得大量增加，成就了其对传统贵族侈奢性消费的模仿，成为"有钱有闲阶级"，而工人的消费也日益被资本所控制或"塑造"；20 世纪初，随着福特主义生产方式的确立和推广，一方面使得工人越来越丧失其在生产中的主导性，另一方面，也促成了批量生产与批量消费的大众消费时代的到来，更具体的可以说是福特制的城市通过福特制的生产方式推动了福特制的消费；20 世纪80 年代以来，以定制生产、弹性生产为标志的后福特主义迅速发展，后福特主义生产方式下，消费者的主权似乎得到伸张，个性消费成为潮流，个性消费与主体构建相联系，以消费来构建主体、彰显主体从而导致消费主义蔓延；在后福特主义生产方式下，福特制的城市被进一步地解构，解构的进程是通过智能化、复杂化、网络化来实现的，解构之后的重构方向是现代城市的公共管理体系整体运行，这又决定消费文化特征的将不再是简单的福特制生产或个性化定制，而是整个社会功能的系统运作，从而进入卡斯特②所指的"集体消费"时代的消费文化。

（二）生产方式的变革推动消费文化变迁

生产方式变革推动消费文化的变化首先是从改变消费品的供给数量及结构开始的。生产方式不仅是客观的，而且还是社会的和历史的。客观性、社会性和历史性是生产方式的一般特征。任何生产方式都是一定阶段、一定历史条件的产物，因而都是历史的。由于生产力是生产方式的物质基础，而生产力又不断向前发展，因此，生产方式也是不断变更演进的。对生产方式的演进历程有多种理解，如以劳动资料为标准对生产方式进行划分，可以得出生产方式的演变进程为石器生产—青铜器生产—铁器生产—机器生产；以劳动方式为标准对生产方式进行划分，可以得出生产方式的演变

---

① 《马克思恩格斯全集》第 23 卷，人民出版社，2004，第 374 页。
② 曼纽尔·卡斯特，社会学家，也被译作卡斯特尔、卡斯特尔斯、卡斯泰尔斯等。

进程为手工生产—机械化生产—自动化生产；以劳动的占有形式或称生产资料所有制为标准对生产方式进行划分，可以得出生产方式的演变进程为原始制—奴隶制—封建制—雇佣制—联合制；以人类社会经济联系形式为标准对生产方式进行划分，可以得出生产方式的演变进程为自然经济生产方式—商品经济生产方式—产品经济生产方式。这些不同的划分标准看似不同，本质上却是一致的，如手工生产就包括石器、青铜器和铁器生产方式，机械化生产和自动化生产是机器生产的两个阶段，机械化生产指用机器生产以及机器自身的生产，自动化生产则是机器自我控制的生产，显然机械化生产和自动化生产都是机器生产；原始制处于石器生产时代，奴隶制、封建制处于青铜器和铁器生产时代，雇佣制和联合制处于机器生产时代；自然经济生产方式对应的是原始制、奴隶制和封建制，商品经济生产方式对应的是雇佣制，产品经济对应的是联合制或称自由生产。

城镇化进程不断推动生产方式发生变革，而生产方式的更新演进对消费品供给的影响是巨大的。在城市出现之前，比如石器时代，是基于原始人类最基本的生产力而进行生产的，在这种极端低下的生产力作用下，人和自然的物质交换极其贫乏，物质资料的生产和人类自身的生产都处于最为原始的起步阶段，因而，人类的生产活动和生活活动几乎是直接同一的，人类生活的目的就是生产出让自己得以生存的物质资料，所以其消费品种类单一且数量极少，这个阶段只有原始公有制才能让人类整体得以生存和延续；青铜器和铁器时代是奴隶制和封建制时期，这一时期由于生产工具得到了改进，人类有了初步的分工与合作，各项手工技艺的持续发展，使得人们的消费品无论是种类上还是数量上都得到了迅速的增长，但是由于私有制的产生和发展，一个集团开始占有另一个集团的劳动，虽然消费品在总量上得以增长，但是其分配的不合理使得不同阶级所占有的消费品差距逐渐拉大，人类开始出现了消费品占有上的不均衡。

伴随着工业化的进程，大规模制造业基础上的城市开始出现。城市的出现及发展加速了生产的社会化进程，其最突出的表现就是城市人口的积聚以及人际关系的割裂。一方面，城市加快了人口的集聚，为生产的社会化提供了劳动力基础；另一方面，大量的人口涌入城市，然而他们之间彼此的联系却弱于在农村经济条件下的联系，人们彼此互不相识，人们的社会关系更多地表现为因生产过程而结成的生产关系，这种社会关系的重要特点就是功利性及工具性。而这种功利性和工具性则进一步促使各职业进行更为细致的专业分工。生产的进一步分工以及科技水平的飞跃发展，促使新的生产关系得到发展，进而又反作用于生产力的发展。比如雇佣制在其出现之初，就极大地促进了生产力的发展。当然，雇佣制中的劳动是异化的劳动，工人阶级和资产阶级在消费品的分配上也存在巨大的鸿沟，但无论是物质消费品、精神消费品还是劳务服务，其量上的增长是不能被否定的。

　　消费品质的提高和结构的改变是联系在一起的。我们仍然可以依据历史线索从城市出现之前的历史时期开始进行思考。石器时代的消费品是天然的，或经极粗略加工的劳动产品；青铜器时代和铁器时代以及之后的机器生产时代，劳动工艺的进步使得消费品更符合人类生活的需要，更体现审美的价值；而到了机器生产时期，城市特别是大都市的发展，批量生产带来的产品富足，同时夹杂着商业景观的建立、重塑，一个新的历史时代——大众消费品时代逐渐到来，人们所拥有的消费品在数量上急剧增长，质量上迅速提高，人们的消费品结构开始发生巨大改变，发展型享受型消费品、高端消费品、耐用消费品甚至是奢侈消费品在消费品结构中的比重逐渐加大，可以说，随着城镇化的推进，生产力的发展，生产方式的更新，人类获得越来越多的、层次越来越高的生活资料。当然，生产方式的进步也不一定给人们带来的就是好的生活资料，随着生产的发展，一些不利于人类健康和人类文明的生活资料也随之出现，比如随着生产技术的进步，各种毒品的提炼和制作工艺更为先进，给人类健康带来极大的危害；再如随着数码技术和网络技术的发展，一些色情、暴力的影视资料得以迅速传播和扩散。但无论如何，我们都不能否定生产方式更新给人类消费品带来的积极影响。

三　空间生产是生产方式中介影响消费文化的主要形式

（一）功能性空间对消费文化的影响

　　空间生产是生产方式的一种具象体现。由于城市本身就是一个特定的空间形态，因而城镇化是一个空间生产与重塑的过程。在生产方式对消费文化的影响路径中，空间生产无疑是其主要动力所在。

随着社会生产的不断推进，人的社会生产已经不再局限于物质产品的生产，而是包括社会空间生产本身。空间既不是城镇发展过程及城镇发展结构的原因，也不应被简单地看成城镇化的结果，而是将自身的建构能动地融入城市经济体系的建构，成为一种社会生产的对象以及经济发展的基本要素，甚至成为社会结构的一种表现。城镇化以及城镇化所波及的一切有形的物质形态或无形的意识形态都具有空间性（或空间特征），换言之，城市文化、社会矛盾、消费文化等也具有空间体现。

1. 城镇化消除了商品流通的空间障碍

空间是具有多重属性的，也是历史的、具体的。我们以资本主义条件下的城镇化为例，来探讨城镇化通过空间生产之于消费文化变迁的影响路径。城镇化扩展了以物质形态为存在方式的实体空间。城市实体空间是感性的、可经验的，它是包括城市建筑、铁路交通、基础设施等在内的物理空间，是马克思强调的物质生产的场所，以及物质生产的基本要素之一。马克思指出，"空间是一切生产和一切人类活动的要素……对建筑地段的需求，会提高作为空间和地基的土地的价值，而对土地的各种可用作建筑材料的要素的需求，同时也会因此增加。"① 这其实就指明了空间资本化之后成为生产要素的实质。在论述分工与协作时，马克思指出，"生产资料的集中，可以节省各种建筑物，这不仅指真正的工场，而且也指仓库……这种由生产资料的集中及其大规模应用而产生的全部节约，是以工人的聚集和协作，即劳动的社会结合这一重要条件为前提的。"② 也就是说，分工和协作可以缩小生产的空间规模，这种空间规划上的节约或者说进步，对社会生产的发展尤为重要。空间上的高效利用会带来时间上的缩短，不仅生产时间如此，流通时间也是如此。

马克思不仅考察了空间对生产的意义，还指明其在流通过程中的特殊作用。"表现为利润率的剩余价值会正好和流通时间的长短成反比……商人资本……有助于流通时间的缩短，它就能间接地有助于产业资本家所生产

① 《资本论》第3卷，人民出版社，2004，第875页。
② 《资本论》第3卷，人民出版社，2004，第93页。

的剩余价值的增加……既然它缩短流通时间，它也就提高剩余价值对预付资本的比率，也就是提高利润率。"① 为了能够尽可能地缩短流通时间，资本开始在空间上寻找突破口。于是改进交通条件和状况就成为缩短流通时间的重要途径，"由于交通手段的这种变革……全世界贸易的周转时间，都已经按相同的程度缩短，参加世界贸易的资本的活动能力，已经增加到两倍或三倍多。"② 这样一个变化过程是由资本本性推动完成的，因为"资本按其本性来说，力求超越一切空间界限……用时间去消灭空间"。③ 而随着资本自身的不断发展，"资本同时也就越是力求在空间上更加扩大市场，力求用时间去更多地消灭空间"。④ 马克思的空间理论是伴随着资本逻辑来展开的，而跟随资本逻辑牵引的还有资本主义生产方式下的城镇化。城镇化加速了基础设施、道路桥梁的兴建，缩短了商品流通的时间，同时也扩展了商品可触及的空间。

2. 城镇化消解了消费观念的空间区隔

资本对时空的重塑，不仅消除了商品流通的空间障碍，还加速了商品经济思想的拓展与蔓延。分工、交换、消费进入更为普遍的日常生活。在资本逻辑的控制下，资本对空间的规划与重塑从生产空间扩大到社会空间，从工厂内部扩大到城市周身，从城市之间扩大到城乡之间，从国家内部过大到全球范围。马克思指出，"资产阶级，由于一切生产工具的迅速改进，由于交通的极其便利，把一切民族甚至最野蛮的民族都卷到文明中来了。"⑤ 资产阶级按照其自身的面貌及意愿重塑着整个世界，在这个过程中"它使农村从属于城市一样，它使未开化和半开化的国家从属于文明的国家，使农民的民族从属于资产阶级的民族，使东方从属于西方。"⑥ 同时，"资产阶级，由于开拓了世界市场，使一切国家的生产和消费都成为世界性的了。"⑦ 由于资本无限扩张的根本属性，在资本控制之下的城市也是无限发展的。

① 《资本论》第 3 卷，人民出版社，2004，第 84 页。
② 《资本论》第 3 卷，人民出版社，2004，第 84 页。
③ 《马克思恩格斯全集》第 46 卷，人民出版社，1980，第 16 页。
④ 《马克思恩格斯全集》第 46 卷，人民出版社，1980，第 33 页。
⑤ 《马克思恩格斯选集》第 1 卷，人民出版社，1995，第 276 页。
⑥ 《马克思恩格斯选集》第 1 卷，人民出版社，1995，第 276~277 页。
⑦ 《马克思恩格斯选集》第 1 卷，人民出版社，1995，第 276 页。

芒福德曾指出,"矩形的街道和街坊配置方案,可以让城镇一直无限地延展到天边去;它代表了资本主义式的普遍幻想。"①

正是因为空间区隔的消除,作为社会心理、消费观念而存在的社会意识也失去了社会存在意义上的空间区隔之樊篱。城镇化开拓了城市的空间界限,而城市自身空间的扩展使得更多的人口可以进入城市工作、生活和消费。一方面,城市资产阶级或上层社会的消费观念、消费习惯得以更好地巩固、发展和传播;另一方面,城镇化扩大了城乡之间在经济、生活方面的差距,城市对乡村经济有了更大的控制力与更多的话语权,城市居民的消费文化可以更为顺畅地抵达空间上更为偏僻甚至是偏远的地区;城镇化进一步加速了工业化的发展,使得更多的无产阶级在同一时间、同一空间中聚集,社会化大生产在促进生产力发展的同时,也扩大了聚集人群思想的交流与渗透,来自各地的无产阶级怀揣着原本近乎自然形成的朴素消费观念在城市的时空中与更多层次、种类的消费文化发生激烈的碰撞与博弈,最后由于资本的强势介入而分出胜负,资产阶级或者上层社会的消费品、消费方式、消费观念也随着城镇化的步伐被裹挟带进了工人阶级的生活,诸如消费主义、形象建构、时尚品位、身份认同等符号化消费观念也逐渐抹杀了其原本的阶级或阶层属性,同时也扫清了此类消费观念传播的空间障碍。

城镇化消除了商品流通的空间障碍,消解了消费观念的空间区隔,这两点是从空间的工具性或者功能性意义上来谈论城镇化通过空间中介来影响消费文化总体的。此种意义上的空间还属于物理意义上的空间,列斐伏尔指出,"作为中介,一个这样的工具性空间……既是意识形态性的,又是知识性的。因而,在这两个术语不被分离的情况下,人们可以说它是理性的——功能性的,也可以说它是功能性的——工具性的,因为在新资本主义社会的整个范围内,功能意味着规划、战略。"② 这样的空间需要战略规划来发挥其作用,城镇化就是这样一种规划和战略。然而空间不仅是一个中介、一种手段、一个媒介或一个工具,因为,空间的生产与再造才是其

---

① 〔美〕刘易斯·芒福德:《城市文化》,宋俊岭等译,中国建筑工业出版社,2009,第218页。

② 〔法〕亨利·勒菲弗:《空间与政治》,李春译,上海人民出版社,2008,第30页。

影响消费文化更为本质的力量。

（二）空间生产之于消费文化的影响

由于资本的贪婪本性，城镇化不能仅限于对原有空间的规划和高效利用，不能仅限于缩短生产时间以及流通时间，还要通过资本携带的生产关系及其自身的再生产来扩展其势力范围，于是空间中的生产向空间自身的生产转移。按照大卫·哈维的观点，空间的生产是在物质产品生产的基础上，经过资本积累及自身的运动而逐渐形成的，因而，空间的生产始终会带有当时社会历史条件的影响。换言之，不同社会条件下的空间生产应呈现出不同的特征或功能。城镇化是一个空间再造的过程，但是这种空间的再造是和当时经济发展或者资本积累的程度相关联的。可以说，自由竞争资本主义时期城镇化的规模、质量是与其当时的资本积累规模相适应的，而垄断资本主义时期城镇化的规模、质量则是与其资本全球周转、运动相联系的。现代城镇化是全球意义的空间生产，也必然推动资本主义消费文化在全球的渗透。

空间生产是现代城镇化的一个重要特征，尤其在城镇化具有全球化意义的阶段中，空间生产会对消费文化、社会结构产生重要的影响。大卫·哈维在《巴黎城记——现代性之都的诞生》中指出，"第二帝国时期，巴黎土地享有相对稳健的高报酬率，土地价格也不断飙升。巴黎的房地产所有权具有的社会意义与社会定位出现剧烈变化。巴黎房地产越来越被视为一种纯粹的金融资产，一种虚拟的资本形式，它的交换价值被整合到一般的资本流通当中，完全支配了使用价值"。[①] 可见，在巴黎的城市空间再造的过程中，资本的控制是精髓，而资本的控制也发展到了交换价值支配使用价值的阶段。空间的生产使得空间财产化了，空间被赋予了金融资本的形式，从实体开始走向符号。"在新的巴黎中，居民丧失了归属感，群体意识解体，他们分散为新的没有历史深度的阶层、人群。"[②] 空间的重塑摧毁了城市居民原有城市记忆和集体记忆所依托的物质载体，人们疏离了城市、

---

① 〔美〕大卫·哈维：《巴黎城记——现代性之都的诞生》，黄煜文译，广西师范大学出版社，2010，第135页。
② 〔美〕大卫·哈维：《巴黎城记——现代性之都的诞生》（序一），黄煜文译，广西师范大学出版社，2010，第5页。

失去了家园，甚至迷失了自己。而这种迷失更有利于资本对其进行控制，有利于资产阶级的商品对其展开轰炸，有利于拜物教的盛行，有利于资产阶级消费观念的全面弥散。

在城镇化过程中，消费空间作为城市空间生产的重要组成部分被不断地生产出来，正如哈维所描述的，"新百货公司与新咖啡馆——往外溢出到新大道两旁的人行道上——的出现，使得公共与私人空间的疆界变得充满孔隙。"① "公园与广场转变成社交与休闲的地方，这种转变也有助于强调都市化的外向形式，使私人财富展示于公众面前。"② "商品本身作为一种景观，其与日俱增的力量的最佳展现处便是新百货公司。商店橱窗成为引人驻足凝望的引诱物。百货公司内堆得高耸入云的商品本身便是一种景观。"③

在现代城市中，最为普遍的人造景观就是消费空间的各种橱窗展品。各种休闲兼具消费功能的空间（如咖啡店等）不断向外延伸，直至公共空间之中，造成对公共空间的侵占。这种侵占的后果形式上是公共物理空间的压缩，实质上是消费思想的外溢、富人生活的展示以及消费模式的征服。"商业空间、公共空间以及通过消费所造成的私人占用公共空间的现象，三者所形成的共生关系越来越具关键性。商品景观逐渐跨界支配了公共/私人空间，并且有效地将两者合而为一。"④ 人们通过对公共空间的消费进行观察，从他人购买了什么、怎么购买等一系列行为中获得启示，并渴望参与进去，从而能与之展开更为深入而持续的互动，这种思考会内化于个人的观念之中，以至于即使这个人脱离了这个公共空间，其在私人空间的行为也逐渐与其在公共空间所见的行为合而为一。这种空间上、行为上的合而为一导致了思想、文化，特别是消费文化上的趋同，当然这种趋同不是直

---

① 〔美〕大卫·哈维：《巴黎城记——现代性之都的诞生》，黄煜文译，广西师范大学出版社，2010，第222页。
② 〔美〕大卫·哈维：《巴黎城记——现代性之都的诞生》，黄煜文译，广西师范大学出版社，2010，第223页。
③ 〔美〕大卫·哈维：《巴黎城记——现代性之都的诞生》，黄煜文译，广西师范大学出版社，2010，第223~227页。
④ 〔美〕大卫·哈维：《巴黎城记——现代性之都的诞生》，黄煜文译，广西师范大学出版社，2010，第227~228页。

接的同一，而是通过公共和私人空间之间的诸多孔隙，将某些个人的、有影响力的消费思想渗透至他人思想之中，从而实现对社会主体消费文化的进一步控制。

第三节 生活方式中介路径分析

本节将从两个视角来分析城镇化通过生活方式中介对消费文化产生影响的路径，一是城镇化通过影响生活方式进而影响消费文化；二是以日常生活批判的视角来讨论城镇化对消费文化的影响。

一 城镇化影响生活方式进而影响消费文化

城镇化是一项社会变革的系统工程，其对社会的影响显然不仅局限于物理空间的生产，还包括其对社会空间的重塑。社会空间的重塑通过社会关系的再生产而得以实现，同时也成为引起生活方式变革的重要诱因。

(一) 城镇化空间生产推动社会关系再生产及生活方式重塑

1. 城市空间生产加剧了社会阶层的分化，导致消费文化的梯度分层与模仿转移

列斐伏尔指出，"空间，实质上和（社会的）生产关系的再生产联系在一起。这个空间既是抽象的又是具体的，既是均质性的，又是断离的。它存在于新兴的城市中，存在于绘画、雕塑和建筑中，也存在于知识中。"[1] 当空间作为一种社会产品被生产出来时，既意味着旧的社会关系被打破，也预示着新的社会关系就随之产生。"新空间关系（外部和内部）乃是从国家、金融资本和土地利益的结盟中创造出来的，在都市转型的过程中，每个部分都必须痛苦地进行调整以配合其他部分。"[2] 原本城市中均质性的空间被消解了，原有空间被碎片化，也就是被割裂、分离了，但也就是在这样的割裂、分离中，所谓的中心（如商业中心、符号中心、信息中心等）

---

① 〔法〕亨利·勒菲弗：《空间与政治》，李春译，上海人民出版社，2008，第33页。
② 〔美〕大卫·哈维：《巴黎城记——现代性之都的诞生》，黄煜文译，广西师范大学出版社，2010，第113页。

得以出现。在这个过程中，碎片化的空间被艺术的、伦理的或美学的知识包裹、美化，空间的艺术性以及意识形态性功能增强，各种各样的空间被生产出来，并代表不同的意识形态及其所属的阶级层级。城镇化生产出了新的空间，新的交通道路的兴建以及新的交通工具的使用，空间被时间极大地压缩，新的时空矛盾随之产生。如要居住在城市中心则意味着要承担更高的房屋租金，因此，一大批新涌入城市的居民只能居住在远离中心的郊区。哈维在谈到巴黎的市中心时指出，"市中心在更新之后所出现的士绅化现象，还包括在西部快速兴起、专属于资产阶级居住的区域。与此形成鲜明对比的是'相对较为穷困'且专门供应住宅给下层阶级的住宅建设体系。"[1] 新阶级区分在新的空间关系中得以巩固和强化，这种强化甚至不是基于其最为本质的生产关系而得出，而是基于不同空间中外在行为，特别是消费行为的差异而实现。消费文化出现了比以前更为明显的梯度区分，各种中心的景观展现了并非单一的功能，物品中心、符号中心成为人们形象构建与身份认同的最佳场所。消费文化的梯度在城市空间生产的过程中一目了然。然而，虽然空间生产强化了阶级、阶层的分化，但是不能通过新的空间生产对这种分化进行消解，人们在新的空间环境中只能通过掩耳盗铃、自欺欺人的伪装与效仿来掩盖阶级分化真相的残酷。正如龚古尔写道"脸孔被服饰所遮蔽，感情被景致所掩盖。"[2]

在城乡之间也是如此。现代城镇化的重要特点就是构成性中心的生产。城市中心聚集大量的商品、符号、信息等资源，中心城市聚集大量的劳动力和消费者，而其他的城市则围绕着中心城市。城镇化的空间生产进一步强化了空间的等级性。在这种形态的空间结构中，所有和文明相关的一切伦理、美学、道德、风俗、习惯等都是由这个中心向外传播。当然，乡村或农村空间的观念、习惯也会影响城市空间，因为城市中大量的人本身就来自农村。但总体而言，消费文化等社会意识是由经济占据绝对优势的城市空间来掌控话语权的。许多农村空间中生活的居民在消费文化上主动的

---

① 〔美〕大卫·哈维：《巴黎城记——现代性之都的诞生》，黄煜文译，广西师范大学出版社，2010，第149页。

② 〔美〕大卫·哈维：《巴黎城记——现代性之都的诞生》，黄煜文译，广西师范大学出版社，2010，第233页。

向城市空间居民进行靠拢。消费文化不仅可以在城市间不同等级、阶层的居民间进行转移，也可以通过空间的生产与再造对城市之外的农村施加影响。

2. 城市空间生产重构社会关系及生活方式

"人"的城镇化，即生活主体的城镇化是理解城镇化的重要线索。城镇化不仅是基础设施的城镇化，更是生活方式的城镇化，以及"人"的城镇化。城镇化不能仅看到物质环境的改变，还要看到"人"的变化与"城"的变化之间的关系。正如冯奎研究员所指出的，"对于城镇化，我们从两条主线来进行理解。第一条主线是从人口移动的角度来理解城镇化，即农民向城市移动，变成农民工和市民；第二条主线是从城镇发展的角度来理解城镇化。这里主要研究城镇为满足人口需求，在经济、社会、环境等功能形态上要进行何种功能设计"。①

社会关系的重构包括两个方面，一是传统社会关系的瓦解；二是新的社会关系的形成。既然空间生产是和生产关系、社会关系的生产联系在一起的，那么每一个新的空间的生产，新的中心的产生，都意味着与过去某种社会关联的断裂。空间生产是持续的，中心再造也就成为必然，每一次中心的再造都是对自身的一次否定和瓦解。每一次的瓦解使得空间被进一步地碎片化，在这种碎片化的空间中，原有的社会关系不复留存。比如哈维就指出，"地理零碎化也使原本同住一个屋檐之下工人与雇主分隔两地，加速了师徒制的崩坏，也使非正式的劳动市场控制体系难以维持。"② 与传统社会空间相比，新的空间生产带来了居民间更为频繁的职业、分工之间的变换，与之相适应的文化、习惯、观念也在更大的区间进行浮动。新的空间也为不同种族、职业、地位的人群的自我隔离提供了条件。也正是因为这个原因，城镇化使得乡村原有的那种血缘关系、师徒关系、邻里关系所积淀的集体记忆与社会情感不复存在，人们在自我隔离中弱化了原有的社会关系也弱化了自我的主体性。而这正好可以被更强有力的社会控制机制所利用，实现更有效的社会控制机制，而某种力量主导下的空间生产正

---

① 冯奎：《中国城镇化转型研究》，中国发展出版社，2013，第 16 页。
② 〔美〕大卫·哈维：《巴黎城记——现代性之都的诞生》，黄煜文译，广西师范大学出版社，2010，第 191 页。

是这一有效机制的现实载体。同样，也正是由于传统社会关系的瓦解，传统社会情感的淡漠，使得人际关系的功利性与物质性因素增加，人们在新的空间再造中不得不抛开了传统的社会关联，转而走向以物为纽带的"拜物教"。在这种思想的主导下，消费主义、符号消费、奢侈消费、追求时尚、假意伪装等种种被控制的消费文化成为社会的主流。而这个控制的力量正是资本。哈维认为，"城市空间的本质是一种建构环境，在资本主义条件下，城市建构环境的生产和创建过程是资本控制和作用下的结果，是资本本身的发展需要创建一种适应其生产目的的人文物质景观的后果。"[1] 列斐伏尔认为，"20 世纪资本主义发展的特征在于世界范围内工业社会向都市社会的转变，资本主义工业化进程对都市空间不断进行重构，而都市化则是资本建立其稳固基础的必然要求。"[2]

空间的生产对社会关系不仅是瓦解，也是一种建构。以消费空间为例，消费空间就是消费者社会关系的一种建构或重塑。消费者在公共消费空间中构建自己的私人空间，通过公共空间的消费行为来建构与自我身份认同相适应的抽象空间，消费成为自我构建、自我实现的有效手段和最佳平台。消费的实际意义在不断地减弱，消费的符号性甚至是消费的仪式感却在不断增强，许多人通过消费建构新的自我以及新的社会关系。如"双11"几近疯狂的狂欢式共时消费，不仅强化了消费的节日般的仪式化过程，在这个过程中还可以结识有共同行为、习惯、爱好、观念的朋友，从而建立新的社会关联。此时的空间又重新凸显了其工具性功能，成为社会关系再生产的中介、手段。人们在这样的消费空间中认清了自我，实现了自我，完成了自我。正如哈维所说，"工人阶级的连带关系是借由咖啡馆或酒馆为中心而以邻里为基础建立起来的"。[3] 城镇化大规模的空间生产建立广泛的新的社会关联，并将各种信息、符号向外传递，符号和意义无所限制地极度扩张。消费文化突破了自我在消费空间中的意义，从而越来

---

① 转引自张应祥、蔡禾《新马克思主义城市理论述评》，《学术研究》2006 年第 3 期，第 85 页。
② 转引自朱克英等《城市文化》，上海教育出版社，2006，第 1 页。
③ 〔美〕大卫·哈维：《巴黎城记——现代性之都的诞生》，黄煜文译，广西师范大学出版社，2010，第 233 页。

越多地指向大众的公共生活及公共活动，并最终造成消费文化的符号性特征。

(二) 生活方式的改变推动消费文化的变迁

1. 生活方式的改变推动消费观的改变

消费观是人们对消费行为的反映，即人们对消费行为的认识、观点的总和。消费观的形式包括消费心理、消费价值取向等。消费心理是消费者对消费对象最直观的体验、情绪、风俗和习惯等，因而是消费观最浅层的表达，也就是"消费者喜欢什么"，如北方人喜欢面食、一些女人喜欢韩剧等；消费价值取向或称消费价值观是消费观的核心内涵，消费观的实质是一种价值评价关系的观念形态，即消费者的消费价值观，它体现的是消费品的属性对于消费者的满足程度，也就是"消费者选择什么，并对消费品有无价值或价值大小进行评价"；当消费观形成一种稳定的、自觉的思想形态时，消费观便上升成为消费精神，消费精神由消费观组成，是消费观的理论化和系统化，也就是一种"消费思想"。

生活方式对消费观的影响可以从以下几点来体现。

首先，生活方式决定生活观念。生活观念是人们对社会生活的总体性认识和观点的总和。王伟光教授把生活观念归结为十个方面，"生存观念、需求观念、消费观念、婚姻家庭观念、交往观念、娱乐观念、时空观念、效率观念、价值观念、审美观念"[①]。消费观本身就是生活观念的一部分，生活观改变了，消费观当然会随之发生相应的变化。"人的生活观念首先以心理现象表现出来"[②]，消费观的最浅层表现也是消费心理的体现，生活观在心理层面上的积淀、改变、演进等，都会在消费行为中体现为消费心理的改变。消费心理也是随着生活观的发展而不断成熟，进而上升为消费价值观和消费精神。

其次，生活主体的变化会引起消费观的变化。如前所述，生活主体可以分为个体和群体来理解，作为个体主体而言，美国社会心理学家乔治·赫伯特·米德认为，"自我"是在社会情境中实现的，"自我"由"主我"

---

① 王伟光等：《社会生活方式论》，江苏人民出版社，1988，第231~239页。

② 王伟光等：《社会生活方式论》，江苏人民出版社，1988，第242页。

和"客我"构成。"客我"是按照有意义的他人和整个社区的观点来设想和认识自我，它反映了法律、道德以及社区的组织法规和期望，而"主我"总是以独特的方式对已经形成的情境做出反应，是在社会情境中进行社会分类的结果。① 显然，在不同的生活方式中，社会情境不同，"客我"和"主我"都不相同，因而"自我"也是相异的。生活主体同时也是消费主体，消费观是消费主体自身意识的一部分，是在消费层面上"自我"的集中体现，"自我"不同，则其消费观也会有差异。作为群体主体而言，此时的主体是"我们"，而"我们"体现的意识则不再是个人意志，而是集体意识。涂尔干曾对集体意识有过这样的表述，"社会成员平均具有的信仰和感情的总和，构成了他们自身明确的生活体现，我们可以称之为集体意识或共同意识。"② 从这个定义我们可以看出，集体意识源于但又高于社会成员的个体意识，是个人意识的最一般层面的体现。因此，不同生活方式下的个体，组成了不同的群体，自然也会给这一群体的消费观带来影响。

最后，生活时空的变化会引起消费观的变化。生活时间以及其内部结构的变化，会直接影响消费行为的实现，如在原始社会的那种生产和生活高度统一的状态下，生活时间即生产时间，人们的消费观自然是单一的、简单的，而随着个体自由时间的增多，人们用于消费的时间也自然增加，人们的消费观当然会更加丰富和多元；消费观所涉及的消费心理或生活观所涉及的生活心理，都是在一定空间范围内的积淀，从某种意义来说，观念所覆盖的空间越广泛，则其越容易积淀，越容易形成稳定的形态，生活空间的扩展无疑是有利于消费观的扩散的，而且不同生活区域之间的消费观还存在相互影响、相互传输、相互扩散、相互融合的问题，因而生活空间对消费观的影响也是深刻的。

2. 生活方式的改变推动消费品需求的改变

生活资料是生活方式的基本要素之一，对于生活方式而言，生活资料主要是强调消费品的需求，而不是消费品的供给。不同生活方式，其对消

---

① 姚建平：《消费认同》，社会科学文献出版社，2006，第31~32页。
② 〔法〕埃米尔·涂尔干：《社会分工论》，渠东译，生活·读书·新知三联书店，2000，第44页。

费品的需求也是不同的。消费品的需求和消费品的分配是联系在一起的，分配制度又是由经济基础决定的，因而生活方式也是由阶级性的。例如，奴隶社会生活方式分为奴隶主生活方式和奴隶生活方式，不同阶级的生活方式差距巨大，奴隶主脱离劳动，享受社会的绝大部分物质生活资料，不仅如此，奴隶主还开始追求精神生活资料的满足，而奴隶阶级连基本的温饱都难以实现等。

生活方式也可以分为传统生活方式和现代生活方式，传统生活方式很大程度上是基于自然经济而存在的，因而其对消费品的需求是从自身生存和生活的基本条件满足出发的，消费品的种类、数量等在很大程度上体现自足性和自主性；现代生活方式是基于机器大生产而存在的，机器大生产带来了批量生产的大众消费品，人们拥有消费品的数量急剧增加，但是消费品在特殊性和自主性方面就很难得以体现，大家消费同样的商品，过着类似的生活，就连精神生活也因文化产业化而充斥着大量的同质化的文化产品。从消费结构来看，传统生活方式在食物等生活资料方面的需求比例更高，现代生活方式在耐用消费品和精神产品方面的需求会更高。

二元经济不仅是中国独有的经济现象，在世界上很多国家都出现过二元经济阶段。在二元经济明显的阶段里，农村和城市生活方式的生活方式是相去甚远的，从而消费品的需求也不同的，其差别类似于传统生活方式和现代生活方式的区分，而且二者都有一个共同的特征，就是生活方式的转型，即传统生活方式向现代生活方式的转型和农村生活方式向城市生活方式的转型。转型在很大程度上，是农村、传统生活方式对城市、现代生活方式模仿。而城市消费文化的吸引作用，最直接的表现就是其他生活主体对城市生活主体所用消费品的模仿。现代的、城市的生活方式，包括其生活方式下消费的消费品，都成为一种时尚。时尚其实就是一种风格，农村正是在这种城市风格的消费中，不断地把城市生活方式"普遍化"。城市生活方式自身也在发展，在其发展过程中，当城市消费品及生活方式被农村模仿后，其时尚性就迅速衰减，从而成为大众消费品。正如西美尔所说，"时尚的发展壮大导致的是它的死亡，因为它的发展壮大即它的广泛流行抵消了它的独特性。因此，它在被普遍接受与因这种普遍接受而导致的其自身意义的毁灭之间摇晃"①。

地理环境或地域因素也是影响生活方式以及生活方式下对消费品需求的一个重要因素。人不是脱离自然环境而独立存在的，其生活方式当然建立在其所处地理环境的基础之上，因而其对消费品的需求也及时体现着这一物质基础。如寒冷地带的地区和热带地区对于衣食住行的需求都时刻体现着地理环境的差异性。由于生活方式还具有民族差异性、历史继承性和个体差异性，因而，民族、历史、文化因素也是人们消费品需求差异的重要原因。不同民族的生活方式下不同，其习惯、风俗、文化、历史传统等都有差异，因而其对消费品的需求都体现着自己的独特性，而且这种风俗、习惯等文化因素，会随着民族成员自身的繁衍而自然地传导到下一代当中，因而能持续地保持其在消费品需求上的特殊性与一贯性。

3. 生活方式的改变推动消费方式的改变

在此，我们有必要界定消费观和消费方式。之所以要区分消费观和消费方式，是因为在有些学者的表述中，经常把消费观和消费方式等同起来。消费观和消费方式是既区别又联系的。其联系是二者在根本上是一致的、统一的，他们都体现消费者的消费态度和消费风格；但二者又不能等同，消费观是一种观念，是消费心理、消费价值取向的表现，其理论形态是消费精神，而消费方式是一种实践，是消费者在其消费观的指导下，以何种形式去消费各种消费品，从而展现其消费资料的结构和利用方式。既然消费是一种实践活动，就具备实践的三个基本条件，即实践目的、实践过程的实施以及实践结果的检验，所谓实践的目的此处可以理解为满足消费者的个人需求，实践的过程也就是消费整个行为的始终，而实践结果即消费之后的体验和感受则属于消费价值评价的范畴，也就是这种消费有没有给消费者带来满足，带来了多大的满足等，这其实就是消费观中的价值评价关系，因此，我们说消费方式是连接消费观和消费品的桥梁，属于消费文化的粘连层。

对于生活方式和消费方式概念和外延上的界定，本书认为生活方式外

---

① 〔德〕奥格尔格·西美尔：《时尚的哲学》，北京文艺出版社，2001，第76页。

延大于消费方式外延。① 如前所述，狭义的生活时间大致等同于工余时间，而工余时间还可以细分为上下班交通时间、生理恢复时间、家务劳动时间和闲暇时间，消费没有占据全部的生活时间，消费也不是生活的全部内容，因而消费方式不能等同于生活方式。但消费应该是生活中很重要的一个组成部分，生活方式的改变当然也会影响到消费方式的改变。

消费方式通过如何消费来反映不同主体的生活方式，比如"吃穿住行"的"吃"，吃什么，在哪儿吃，怎么吃，这都可以区分不同人的生活方式，同样是一杯茶，可以是《红楼梦》中妙玉用"海棠花式的雕漆填金云龙献寿小茶盘托着成窑五彩小盖盅"，盛着"旧年涓的雨水泡出的老君眉"，也可以是大碗开水泡出的"大碗茶"；可以是在家饭后的解渴之物，也可以是书房饶有兴致的功夫茶，还可以是茶馆听戏看剧闲话人生的休闲茶；可以是快速消费的瓶装茶，也可以是自采自摘自己制作的农家茶等。各种不同的消费方式都是不同的生活方式的体现。

城镇化其本质特征是社会存在的变化，而城镇化在改变社会存在的同时，也推动了社会意识的相应改变。社会意识具有多种形式，如意识形态、非意识形态、社会心理、价值观念等。主流意识形态的内容不会因为城镇化进程而发生实质的改变，但是由于意识形态是直接和当时当地的社会经济、政治发展相联系的，其表现形式和发生作用的方式却可以随城镇化的推进而发生改变，甚至在城镇化过程中会出现助推和阻碍主流意识形态发展的各种声音和力量；科学、逻辑、语言等非意识形态的社会意识在城镇化进程中，借助于更为现代的生产方式和先进的基础设施，从而得到

---

① 对于生活方式和消费方式概念和外延上的界定，学术界有两种观点。一是认为生活方式即消费方式，如"狭义的生活方式就是指消费方式，生活就是消费"（罗萍：《生活方式学概论》，甘肃科学技术出版社，1989，第15页）；"所谓生活方式，它的实质无非是指消费者如何享用消费资料的方式"（转引自王玉波等《生活方式论》，上海人民出版社，1989，第36页）；二是认为生活方式外延大于消费方式外延，如王伟光教授认为"如果仅仅把狭义的生活方式局限于消费领域、局限于闲暇时间的利用领域，我们认为，这样理解就过于狭窄了"（王伟光等：《社会生活方式论》，江苏人民出版社，1988，第27页）；学者王玉波认为"如果把生活方式仅仅看成消费方式，那就分不清不同性质的生活方式。因为，消费方式不同，生活方式的性质可以基本相同。而消费方式相同，生活方式的性质却可以根本不同"（王玉波等：《生活方式论》，上海人民出版社，1989，第37页）；本书赞同第二种观点。

了更为广阔的发展和大力的推进；而社会心理的变化对城镇化则更为敏感。社会心理简单地可以理解为凝固化的风俗和习惯，城镇化对当地的风俗、习惯的影响非常巨大，在城镇化过程中人们社会心理的改变尤为明显。

消费文化的价值观念首先表现为消费者的消费心理，消费心理是消费者对消费对象的情绪、风俗和习惯等方面的直接表达，这些情绪、风俗和习惯都不可避免地受到一定社会历史条件下社会心理的影响。消费观上升到理论形态成为消费精神时，便会和当时的意识形态发生相互作用，符合主流意识形态的消费精神（消费思想）正如新事物一般，即使当时并不为多数消费者所接受，但终将成为主流的消费精神，而与主流意识形态相悖的消费精神（消费思想）即使在一定时间内为大众所采纳，但也终究被人们所摒弃，换言之，消费观是受当时意识形态制约的。

二　日常生活批判维度下城镇化对消费文化的影响

城镇化对消费文化的影响固然是两面的，既有推动消费文化进步的一面，前文较多地阐述了这一方面的内容，如城镇化通过推动生产方式的进步从而推动消费文化的发展，城镇化消除了商品流通的空间障碍，城镇化通过推动生活方式的现代化从而推动消费文化的现代化，等等；但同时我们也应看到，城镇化过程中也有导致消费文化异化的因素存在，如从空间生产的角度导致的消费文化的符号化和消费主义思潮的蔓延，也包括下文通过对日常生活的批判维度来反思城镇化对消费文化异化的影响。也正是因为城镇化的历史过程中存在致使消费文化异化的因素与可能，我们才有必要对其进行思考和加以讨论，以便于在中国城镇化与消费文化的未来走向中规避这些不利的因素，从而引导和确保消费文化的正确发展方向。

（一）城镇化强化了消费文化在日常生活中的被控制

1. 城镇化通过消费空间的架构与再造规训日常生活及消费文化

西美尔曾指出，日常生活是由程序化、平庸世俗的每一天以及琐碎平凡的事情和地方所构成的，是每个人的最普通的经历，是最为"自然而然"的。但是，即使是最为普通、最不起眼的生活形态也是对最为普遍的社会和文化秩序的表达。① 日常生活是看似经验性的现象的组合，实际上是连接社会主导力量和下层阶级力量的桥梁，是对社会结构的具体的、感性的反映。换言之，日常生活是受社会结构直接影响的。消费对日常生活而言，形式上是对工作生活的一种否定，实质上又是一种延伸。

日常生活是具体的，是在具体的历史或社会条件下的感性生活。就在资本主导下的社会而言，人们的日常生活被商品以及商品（物质）背后的社会结构所操纵，随着工业社会的发展，进而又被符号所控制。日常生活，特别是消费生活被各种象征意义的符号及符号性的差异所规训，消费活动离开了人本身，从而变成了一个基于社会结构差异以及符号身份所呈现的机械活动，城镇化通过不断地架构、重塑消费空间而加剧了这一过程的实现。城镇化过程中的消费空间，变成了各种形式的符号中心、信息中心，带有浓烈意识形态性的消费空间随着城镇化的深入而被不断地复制、扩张，同时消解着广大工人阶级的阶级意识与文化自觉。消费空间与日常生活中的消费者是一种建构关系，消费者在消费空间中建构自己的社会关系及身份认同。在消费空间中，消费文化被符号所控制，而这种符号又是资本和社会结构深度结合的体现。消费生活在城镇消费空间的再造中被规制、规训和控制。

2. 城镇化通过景观的美学意义引导消费文化的时尚倾向

资本按照自己的逻辑重塑城市的空间以及各种景观。我们甚至可以将都市的繁华景观看成一种假象，歪曲变相地反映着资本灵魂的本质。空间和景观被资本化、财产化、金钱化，但这一切又同时是基于美学的基本原则。每一个空间碎片、景观模型都渗透着资本主导下的美学原则。正如大卫·哈维对巴黎景观的描述，"新百货公司与新咖啡馆——往外溢出到新大道两旁的人行道上——的出现"②，"公园与广场转变成社交与休闲的地方"③，"百货公

---

① 张敏等：《基于日常生活的消费空间生产：一个消费空间的文化研究框架》，《人文地理》2013 年第 2 期，第 40 页。

② 〔美〕大卫·哈维：《巴黎城记——现代性之都的诞生》，黄煜文译，广西师范大学出版社，2010，第 222 页。

③ 〔美〕大卫·哈维：《巴黎城记——现代性之都的诞生》，黄煜文译，广西师范大学出版社，2010，第 223 页。

司内堆得高耸入云的商品本身便是一种景观。"① 这些新的大道、街景、橱窗陈列、公园广场都将城市与过去的形象划清界限，在新的美学景观再造中与过去决裂，这种决裂不是简单地和过往空间的决裂，而是和之前社会关系的决裂。美学包装下的城市景观，将新的社会关系镌刻在自身之上，在实质上承认了资本的合法性与权威性，在形式上则重塑了人们日常生活及消费习惯，并将消费牵引至与都市外在景观一致的时尚美学之中。

人们开始追求与时尚繁华相适应的生活方式，人们很多行为的出发点似乎脱离了实用主义，却向着另一种形式的功利主义迈进。正如哈维所指出，"对妇女来说，逛街、看橱窗、购物以及在公共空间展示她们的战利品而非将其储藏于家中与闺房之内，乃是出于时尚的必要。"② 浪漫主义美学思想渗透侵袭着日常生活及城市景观，他们否定了陈旧空间的建筑风格，在以往景观的外观解体中植入了新的符号元素。城市的文化、礼仪、观念随着景观的再造而呈现新的风格。人们开始重新思考和审视自己的生活环境，实用可居的环境在城市景观的整体性解体中逐渐崩塌，"依据浪漫主义的思维方法来看，他们所力图实现的，不是一种可居的人居环境，而是风景如画的景观。"③ 对于美学景观的不懈追求拓宽了资本在空间建构上的边界，城市在如此这般的原则指导下疯狂地扩张，"美国评论家范·维克·布鲁克斯曾经指出，美国每一处重要消暑圣地的发现，都要归功于艺术家、作家以及一切不满足于实用主义生活方式而追求另类生活方式的人们。"④ 这种扩张不断消解城市与乡村的边界，城市的生活方式、消费文化也随之向乡村扩展。

浪漫主义在城市建设中找到了极大的用武之地，它除了开辟了一种新的美学景观形式之外，还强调了生活主体的个性与私密性。这种个性与私

---

① 〔美〕大卫·哈维：《巴黎城记——现代性之都的诞生》，黄煜文译，广西师范大学出版社，2010，第227页。

② 〔美〕大卫·哈维：《巴黎城记——现代性之都的诞生》，黄煜文译，广西师范大学出版社，2010，第228页。

③ 〔美〕刘易斯·芒福德：《城市文化》，宋俊岭等译，中国建筑工业出版社，2009，第237页。

④ 〔美〕刘易斯·芒福德：《城市文化》，宋俊岭等译，中国建筑工业出版社，2009，第245页。

密性不仅体现在空间构成中，还体现在消费生活中。在浪漫主义原则的指引下，个性与时尚成为引领消费趋势的重要指标，符号和意义成为社会生活的主要精神力量，而广告、金融、保险等体现浓厚资本意志的工具成为连接社会结构与底层民众的中介。尤其是广告，几乎成为资本意识形态最优美、最有效的灌输手段。人们的消费观念在铺天盖地、四下飞溅的广告口号中悄然改变，高品质的享受、都市化的生活、时尚与品位的热衷，主导了整个社会的消费文化。由于大多数广告的场景、台本，都是在都市生活的环境和语境中生成的，乡村生活在这种生活方式的灌输下，迷失自我，丧失了自我螺旋上升的否定循环，而沦落至越来越受到城市生活方式控制的境地。在广泛集中的甚至是极度不负责任的广告宣传之中，人们的日常生活与消费活动并没有找到真正的时尚，而在广告中呈现的所谓时尚也逐渐远离真实的美学，或者说脱离美学自身发展的规律，而变换为具有都市通行的、同质化的标准及空洞化的原则，并且这个原则在被某一部分人引领而大多数人模仿的机制中被强化。

3. 城镇化加剧了日常生活和消费文化的物化

如果我们从最直观的角度来思考资本主导之下的城镇日常生活和消费活动，我们会发现，规定着城镇化之下日常生活的最为一般的现象就是商品形式的主导性及普遍性。而日常生活和消费文化的物化就是从这一基本起点开始的。物化是卢卡奇的重要思想，简单地说，就是指人与人的社会关系在商品形式的主导下产生了物的性质，而这种物的性质显然是脱离了人的本身。当然，这一思想的渊源是马克思的异化理论。日常生活及消费文化的物化是由商品形式的主导性所导致的，我们要思考的是在这样一个看似自律且合理的自然发展过程中，城镇化是如何让日常生活及消费文化的物化成为可能的。换言之，城镇化在这一过程中扮演着怎样的角色？

我们同样还以具体的、感性的资本主导下的日常生活为例来展开我们的分析。在日常生活中充斥着各种商品。商品实质上是各种具体劳动和抽象劳动所生产的劳动产品，但在日常消费活动中具备了相同的或者说一般的形式。商品的生产原本应该具有各种不同形式，但是在资本主导的生产方式下，形式各异的具体劳动被抽象劳动所统治。劳动对象被日益分解和专门化，劳动对象成为可控的、形式相当的碎片，而这种客体上的变化关联着劳动过程以及作为主体的劳动者自身发生变化，劳动过程被分解为形式相同的多个步骤，劳动者在机械化的过程中可以被规定、量化和计算。而正是由于劳动者及劳动过程可以被精确地规定、量化和计算，从而使之逐渐具有一种抽象的同一性。换言之，可量化和可计算是日常生活和消费活动物化的重要原则。

城镇化强化了这一物化的基本原则。要讲清楚这一点，还是要从城镇化的时空着手。大卫·哈维曾指出，"时间和空间是个性化和社会差异的基本手段……每个社会形态都会根据它自身的需要和物质再生产、社会再生产的目标，来建构关于时空的客观概念，根据那些概念来组织物质实践。"①时间和空间本来应该是个性化和社会阶层区隔的重要标志，但是在每个具体的社会形态中，这一看似一般性的规定性又体现了不同的表征。例如，在资本主义工业化大生产之下，时间并没有成为标志个性的体现。换言之，在同样的劳动时间中，不同劳动者在同一生产线上的个性差异几乎是难以实现的，从更为本质的角度来看，时间失去了对主体进行规定的多样性，而是成为一种可量化的、可计算的工具，从而远离了人本身。时间成为一种容器，一种空间性的器皿，用来衡量、测量劳动者的劳动。人一旦脱离了时间，就成为单个孤立的元素，而将会忽视人与人之间的实际关系。人与人的实际关系也就被物的性质所掩盖。

城镇化积聚了大量的人口，人口的流动性、匿名性、私密性大大增强，以血缘关系、邻里关系、宗族关系等为主要特征的传统人际关系纽带在都市生活中被极大地弱化。人们在短暂的劳动或工作接触中建立起基本的社会联系，但是在这种特定条件下的社会关联并不足以展现完整的自我人格，都市生活中人与人的联系逐渐碎片化、表面化，金钱等物质利益关系成为有效的、可量化的和可计算的社会关系。随着城镇化的不断深入，人们在都市日常生活中最为常见和普遍的就是和物质利益相关的功利关系。功利性掩盖了人作为社会关系总和的本质，隐藏了真实的自我，缺乏社会的广泛参与，社会生活和社会文化逐渐失范和空洞化。城镇化还加剧了社会分

① 〔美〕大卫·哈维：《时空之间：关于地理学想象的反思》，朱美华译，载孙逊等主编《都市空间与文化想象》，上海三联书店，2008，第4页。

工的进行，城市主导的城乡社会分工强化了城市对乡村经济、文化、社会的支配地位。人与人的接触需要更多的中介介入才得以完成，物质、金钱、视觉、美学等都成为此类中介。

城镇化景观的建构，强化了空间的均质化特征。作为日常生活的主体，由于其脱离了时间，并缺乏集体参与的意识与实践而成为孤立的个体，孤立的个体在均质化的都市空间面前显得软弱无助和不堪一击。身处此种危险的境地，人们近乎出于本能地、急切地希望建立起某种组织性的联系，将自身与他人的关系进行新的建构，尽管这种新建构出来的社会关联是脆弱的、短暂的、流动和不稳定的。由于现实条件的缺失，人们最终将目光投向了日常生活中可以短期建立的群体关系，如通过教育、娱乐、购物、旅游等消费活动来建立的短暂共同体。人们在此类共同体中，通过各自的消费行为进行群体的分层、区隔、分化和组合，一方面展现自我的个性，另一方面完成自我与某一特定群体的身份认同。在这一过程中，消费文化一步一步地被规定、量化和计算，换言之，消费文化被物化和符号化了。

（二）城镇化助推了集体消费层面上的消费文化异化

1. 城镇化推高了集体消费的水平并在消费文化中体现为新的不平等

城市应该被视为一种社会结构，这种社会结构为日常生活提供各种必需的物品和服务，其中一些物品和服务的"消费过程就其性质和规模，其组织和管理只能是集体供给"[①]，"如道路、桥梁、公共交通、学校、图书馆、健康检查、废物处理、公共住房、福利、消防、警察保护、公园和娱乐设施等"[②]，这些物品和服务被卡斯特称为"集体消费"。随着城市的扩张与发展，集体消费在城市日常生活中越来越重要，城市的日常生活也越来越被集体消费所支配。

城市的发展推高集体消费的水平，集体消费水平的提高会重构人们的生活习惯，而重构的结果则可能导致更为昂贵的生活方式。集体消费所涵盖的物品和服务是在集体层面生产的，同时又是以集体的方式来进行消费的，因而是不能被分割的。由于其不可分割性，所有的集体消费品成为一

---

① Castells M. , "Theory and ideology in urban sociology," *Urban Sociology*, 1976, pp. 145–148.
② Christensen Karen, "Encyclopedia of Community," *Sage Pubns*, 2003, pp. 203–205.

个整体，这个整体以人们生活空间的形式出现，从而将人们对物品的消费转换为对空间的消费。人们的日常生活随时随地地对这些空间进行消费。如城市的道路、公共交通、无线网络、公园广场、人工景观等，这些物品和服务一方面使我们的生活更为便利，另一方面也使我们的消费更加隐秘，人们几乎在自己账户余额没有任何减损的情况之下进行了诸多的消费，然而这种账户账面的无减损只是表象，因为在人们所得账面收入之前就以税收等多种形式将费用提前支出。并且随着集体消费水平的提升，人们的私人消费也在不断增长。如伴随着城市无线网络、信息服务水平的提升，人们在网络使用的终端产品上的投入悄然增加，具体表现在在产品品牌、技术、服务及更新换代和产品升级上的花费逐渐增多。同时，随着城镇化的不断深入发展，人们的住所与工作之间的距离被日益拉长，人们对于公共交通等这类的集体消费品的依赖程度也日益增长。人们的日常生活越来越受到集体消费品的制约和支配，日常生活变得日益沉重。

集体消费的产品和服务从其形式上看是具有非排他性的，比如对于一个新建的城市广场而言，任何一个城市居民或外来者都可以享受到这种集体消费品所带来的感官感受。但是在某些社会条件和制度下，如资本主义制度下，这种看似公平的集体消费品却没有实现真正的普惠性，人们在集体消费的过程中社会关系产生激烈的碰撞，身份认同遭遇严重的障碍。比如，对于城市宽阔的道路或高质量的高速公路而言，走路、乘坐公共交通以及自驾车辆通行给人们带来的时间成本、感官体验和身份认同是全然不同的。再比如，同样的无线网络或有线电视的覆盖，不同的终端产品会呈现出较大差别的消费体验。在这种看似平等的集体消费品空间中，人们感受着另一种形式的不平等。这种不平等很容易被资本控制，如公共交通与私家车辆间的消费体验差异就会催生更为广阔的私家车需求市场，在更为广阔的需求市场中，资本可以根据其利润的导向更容易地、更便利地对需求进行技术、美学、时尚上的品牌区分，而正是在这种区分和指引之中，人们对私家车使用价值的需求便如此这般地被转变为不同私家车主对于汽车品牌符号意义的需求。

2. 城镇化通过集体消费消解了消费文化自觉的现实路径

消费文化本质上是一种文化形态，文化发展有其自身的规律，当一种文化在发展道路上出现某种偏差之时，文化自身也需要进行自我反思、自我创建与自我觉醒。但是这种反思、创建和觉醒是需要主体来实现和完成的。在健康的城镇化与消费文化关联中，我们就是要培养、挖掘和引导生活主体承担起这种历史责任。但是在某些特定的历史时期与社会制度下（如资本主义制度），城市作为一种提供大量集体消费品的社会结构正是通过其提供的产品和服务消解了生活主体的主体性、阶级性，从而也消解了消费文化自觉的现实路径。

对于集体消费品的消费，人们通常是在无意识的状态下进行的。换言之，消费者是在个体没有自觉意识的指引下，对集体消费品或集体消费空间表现了服从。人们的许多消费行为都是无意识的。这使得凡勃伦、鲍德里亚等提出的炫耀、符号、意义等消费理论对现实消费活动的解释能力受到了挑战。因为在许多领域，如教育、医疗等方面，人们的初衷并非进行符号意义的选择和攀比，而是在集体消费空间中几乎是完全不自觉地进入了符号意义的选择和消费之中。然而，更为重要的是，这种由于集体消费品如道路、教育、医疗等带来的符号意义上的不同，会比个人消费品直接带来的符号意义攀比更为严重地损害人们的自尊与心理，从而最终导致人们脱离自我的主体性，落入自我异化的怪圈。因为所有集体消费所涉及的产品几乎都是针对日常生活中不可回避的、无以逃脱的刚性需求，人们在这种"必需"中忍受着不平等、符号、意义等带来的巨大心理冲击。而在这种心理基础上所进行的消费活动很容易陷入非理性的、盲目的状态，进而最终损害消费者主体性的自觉与体现。

城镇化加大了人们工作、居所、购物、娱乐之间的分离，而时空上的流动性给生活主体带来了巨大的不确定性和不安全感。在这样一个人口体量巨大，但是层级分化区隔严重的共同体之中，人们在本能上是追求异质性的。异质性心理自然会增加人们形成整体阶级意识和阶级心理的难度，并且会造成人们在不同城市空间中、不同角色下的人格或精神的分裂。城市空间的分化、隔离以及功能区分，割裂了社会交往的整体性，人们的社会关系一方面随着城市空间的扩展，城市间交通的进步而得到拓展；另一方面，人们的社会关系却变得更为功利、物质和单一。人们的社会交往越来越多地围绕物质生产、现实利益、金钱交割而进行，社会本应具有的丰富性、多元性、整体性被打破。在这样一种碎片化的、功能性的社会空间中，人们越来越难以呈现那种在整体性社会空间中才具备的集体精神与参与意识。

综上所言，通过本书对城镇化与消费文化变迁路径的分析，我们可知，城镇化在诸多方面、通过多种中介对消费文化总体性产生影响。这种影响需要我们辩证地看待和科学认识，一方面，城镇化在不断地推进消费文化的进步，另一方面，在一定的历史时期，或在缺乏科学引导的情况之下，城镇化又会以多种形式来助推消费文化的异化，并且最为关键的是，它会消解消费文化自我防御、自我觉醒、自我创建的现实路径，因为生活主体已先于消费文化发生了异化。这一辩证认识构建了我们今后处理、协调城镇化与消费文化变迁的指导性原则。

第三章
城镇化与消费文化变迁的历史关系

　　本章所使用的城镇化这一概念和城市化在外延、内涵及意义上实为一致，可以理解为同义语。因此，本章探讨城镇化与消费文化变迁的历史关系，即为城市发展所引发的消费文化变迁。城市化概念是 19 世纪后期由西班牙人色丹提出，旨在描述在城市发展过程中社会政治、经济、文化等方面转变的过程，其是基于工业化和现代化进程而言的。如果严格按照城市化的概念，西方在工业革命之前并没有出现现代意义的城市化，中国在现代之前也没有与工业化相关的城市化，但是我们要看到，城市发展是一个连续的动态的过程，现代城市是在古代城市基础上发展而来的，而且本书亦非专业就城市化而讨论城市化，因而是从最一般的角度来使用城市化这一概念，即把城市化理解为城市发展。故而本章所讨论的"城市化历史"是基于前现代城市化和现代城市化的阶段来划分的，前现代城市化阶段所涵盖的时间跨度大致为"有城市出现"至现代之前①。

---

　　① 　现代是相对于古代而言，对于现代时期的划分，不同的学科有不同的标准，就史学标准而言，国内学者对于现代时期的划分有两种观点，一是中国现代时期是从五四运动开始，二是从中华人民共和国成立开始，而对于世界现代时期的开始则意见较为统一，一般认为从十月革命开始。本书讨论现代时期的目的是为划分城市化阶段而服务，故不能完全等同或借用史学的划分标准，城市化是基于现代化和工业化而提出的，因此，本书所界定的现代应与工业化联系起来理解。从世界城市化角度而言，本书认为工业革命是城市化阶段区分的重要分界点，即工业革命之前的城市化本书界定为前现代城市化，工业革命之后的城市化即为现代城市化。而对于国内城镇化而言，本书倾向把中华人民共和国成立界定为现代城镇化的开端。原因有二点：一是中国没有经历西方意义上的工业革命，因此不能以西方工业革命同一时间段为简单的划分依据，西方工业革命时期，中国尚处于封建经济占统治地位的阶段，其现代化无从谈起；二是中华人民共和国成立后，从过渡时期总路线开始，我们就提出"一化三改造"，工业化被正式提出并加以推进，而中华人民共和国成立以来的城镇化也更符合目前学界所指的城镇化。

第一节　乡村经济主导下城镇化与消费文化变迁

一　前现代城乡关系特点下的城镇化与消费文化变迁

（一）前现代城乡关系特点下的城市发展与消费文化

马克思曾给予城乡关系高度的重视并对其进行了专门的论述，他指出"城乡关系的面貌一改变，整个社会的面貌也跟着改变。"[①] 按照马克思的论述，城乡关系大致要经历城乡依存、城乡分离、城乡融合等阶段。工业革命是造成城乡分离的重要原因，换言之，在工业革命之前漫长的历史中城乡是处于相互依存的状态。中国历史上这种相互依存或者说城乡一体的模式表现为城乡并不是相互独立的两个空间实体，而是紧密相连，它们在不同的领域分别占据主导地位，以此来建立彼此之间的均衡。城市是整个国家的政治中心，对全国进行政治统治，而乡村则在很长的历史时期中在经济上占主导地位，全国经济的根本在于乡村。当然，这种均衡处在不断的动态发展之中，城市的经济地位也在不断上升，最终导致农村在政治、经济、文化等各领域臣服于城市。在这个背景之下的城镇发展以及城镇化有着自身的特点，因而对消费文化的变迁有着特殊的影响。

1. 城市功能从政治性主导转向政治性、经济性共存

国内学者一般认为城市是与阶级社会同时产生的[②]，城市的产生是一个从低到高的自然发展的历史过程。在城市产生之前，已经有了"城"和"邑"，这可以称为城市的"萌芽阶段"。"城"可以被简单地理解为"有围墙的农村"[③]，主要功能是防御。在最初的城市中，居住者主要是统治阶级，城市的主要定位是政治中心和军事中心。然而，在城市自身发展的历史过程中，其经济功能越来越被凸显出来。城市不仅是政治中心、军事中心，还是生产中心和消费中心。在这个历史过程中，社会分工起着至关重要的

---

① 《马克思恩格斯全集》第 1 卷，人民出版社，1958，第 159 页。
② 张鸿雁：《春秋战国城市经济发展史》，辽宁大学出版社，1988，第 27 页。
③ 傅筑夫：《中国经济史论丛》（上），生活·读书·新知三联书店，1980，第 345 页。

作用。

马克思认为，"首先引起工商业劳动和农业劳动的分离，从而也引起城乡的分离和城乡利益的对立"。① 工商业劳动和农业劳动的分离，让一部分脱离农业劳动生产的人住进了城市，这些人没有农业收入作为生活的来源，只能依靠自身的一些技艺，成为城市的"私营手工业者、私营商业者、流民以及医、卜、艺、师等人口"②。春秋时期开始，城市经济的产生，使各行业在新的环境中得到巨大的发展，手工业内部的分工也进一步细化，出现了诸如"木匠、金匠、皮匠、染色匠、刮摩匠、陶器匠等"的各项工种，在每一个工种中还有更为细致的分工与协作③，社会分工不仅体现在劳动职业上的不同，还表现为地域生产的分工，这些地域性分工主要是基于自然资源禀赋的不同而形成，使得每个城市都有具有自身特色的城市生产分工，如"郑之刀，宋之斤，鲁之削，吴粤之剑，迁乎其地而弗能为良"。④

在唐代，因某种工业而生的镇市新兴并得到发展，如精于制瓷的景德镇和长于造纸的抚州等。又如唐代以前，并无茶业，饮茶之风多为南方人，所饮之茶皆为野茶，南北交会城镇的建立，促进了南方饮茶风俗的北进，至唐开元"王公朝士无不饮者"⑤，而由于饮茶之人日渐趋多，以致"茶为食物无异于米盐，人之所资，远近同俗"⑥，野茶早已不够消费，于是催生出新的产业——制茶业的产生。"其茶自江淮而（北）来，舟车相继，所在山积，色颇甚多"，制茶业的发展，进而改变了唐代的税收结构，"由原来'盐利居天下之半'转而茶盐之利兼而有之了"⑦。城镇的发展给唐代生产带来了相对完整的手工业生产体系，手工业在官营和私营两种形式中都得到了很大的发展，官营的层次和种类也逐渐增多，不仅有中央政府官营的手

① 马克思、恩格斯：《马克思恩格斯全集》第 3 卷，人民出版社，1960，第 24～25 页。
② 张鸿雁：《春秋战国城市经济发展史》，辽宁大学出版社，1988，第 162 页。
③ 张鸿雁：《春秋战国城市经济发展史》，辽宁大学出版社，1988，第 166 页。
④ 《周礼·冬官·考工记》，转引自张鸿雁《春秋战国城市经济发展史》，辽宁大学出版社，1988，第 166 页。
⑤ 余也非：《中国古代经济史》，重庆出版社，1991，第 427 页。
⑥ 李斌城等：《隋唐五代社会生活史》，中国社会科学出版社，1998，第 50 页。
⑦ 余也非：《中国古代经济史》，重庆出版社，1991，第 432 页。

工业，还有地方政府和军队驻军经营的手工业。在手工业产品分配方式和交换方式上，官营所得的产品主要通过政府计划分配，私营的手工业产品则通过市场交易完成，客观上推动了商品经济的繁荣与发展。城镇的发展对于政府上层建筑的改变也有明显的例证，如政府的税收政策，唐代武周以前没有征收商税，税收来源主要是农业税，而至"唐中期以后，工商税在国家财政收入中占有相当重要的地位，成为与农业税相辅相成的政府财政的两大税收支柱。"①

到了宋代，随着社会分工的进一步发展，一批工商业城市逐渐兴起。这类城市并非大都市，而是地处商品生产、交换发达地区，甚至是农村中经济发达的地区，它们从农民那里获得优质廉价的原材料，进行加工后，再卖给农民以及其他城市的居民，从而发展商贸业，南宋浙江的很多城市属于这一类型，平江、湖州、嘉兴等皆为此类城市。手工业城市，这类城市没有便利的交通，也不是政治、军事中心，但是在某种手工业方面十分发达，故而成为城市，如前文所述唐代开始形成的景德镇、抚州便是此类城市，只是宋代此类城市更多，规模也更大，如福建建阳是当时最大的印刷业中心，"教育发达，书院众多，学者荟萃，文化风气十分浓厚，书籍刻印的规模很大，书坊林立"②，铅山、岑水是当时著名的铜矿等矿业城市，仙井、长宁是重要的产盐城市，等等。

2. 城市生活主体数量与结构的变化影响消费文化的变迁

从城市生活主体的结构来看，在城市生活的人口结构较之以往发生了很大的改变。可以将城市生活人口分为生产性人口和非生产性人口。随着城市的发展与社会分工的扩大，生产性人口的比重在不断上升。对于早期城市而言，主要的居住者是非生产性人口，如庞大的统治集团成员。由于国家统治机构的庞杂，以及宫廷服务人员的众多，使得这一部分人口占有城市人口的相当大的比重。

而随着城市的发展，城市生活主体发生了巨大的变化。例如，在唐朝，生活主体的类别多样化。唐代生活在城市的居民有统治阶级集团成员及其

① 阎守诚：《从唐代看中国传统经济的发展》，《中国经济史研究》2003年第3期，第9页。
② 陈国灿：《南宋城镇史》，人民出版社，2009，第144页。

服务人员、驻军官兵、工商业者、宗教人员、知识分子、外籍人员、雇工、其他职业如医生以及社会游闲人员、妓女歌姬等①。春秋时期城市居民中非生产性人员占多数，而这些非生产性人员的消费品又是通过"王有"或征集所得，并不是通过交换消费而来，而唐代城市居民中，消费性人口明显增加，工商业者、文化知识分子、外籍人员、社会闲杂人员等，都是唐代城市消费的主体，而且在这些消费主体中，居民的等级开始有了弱化，商人地位得到提高，城市经济的发展也直接带动了农村居民生活水平的提高。

随着城市生活主体数量的增加和结构的丰富，各阶层之间的生活方式、消费方式的冲突与融合也在进一步加强。如明初朱元璋为了巩固封建极权，对各级官员的服装样式、颜色、尺寸、材料、绣纹等各方面都做了详细的规定，然而到了明朝中后期，这些按等级消费的思想受到了空前的挑战，特别是在经济发达的江南地区，饮食、服装、住宅等各方面都存在严重的"僭越礼制"、跨越等级的消费行为。"作为先导的是城市中的缙绅士大夫和富商巨贾，他们在衣冠服饰上追新慕异、竞趋奢靡，肆意僭越礼制的规定，其影响迅速扩散到市镇、乡村和普通平民"②。消费文化在这种冲突与融合中得到了发展。

（二）商品化和市场化背景下的城镇化与消费文化

城镇发展扩大社会分工，而分工也受市场范围的限制。换言之，社会分工的不断扩大要求市场范围随之不断扩大。斯密曾指出，"按照事物的自然趋势，每个处于发展中社会的大部分资本的投入顺序，首先是农业，其次是工业，最后是国外贸易。"这是城乡发展和产业发展的自然次序。也就是说，商品化和市场化是城镇发展和社会分工的必然结果，同时随着商品化和市场化的不断发展，也进一步推动城镇的发展。

1. 城镇的发展为商品流通提供交易市场和消除空间障碍

城市是"城"和"市"的统一，"城"在最初的阶段可以将之简单地

---

① 肖建乐：《唐代城市经济研究》，人民出版社，2009，第77~89页。

② 陈江：《明代中后期的江南社会与社会生活》，上海社会科学院出版社，2006，第125页。

理解为"有围墙的农村"①，其主要体现政治功能和防御（军事）功能，而"市"则是商品交易的场所，是人们的生活重心和消费中心。城镇的发展为商品流通提供了必要的交易场所，到了唐朝中后期随着商品交换的日益活跃，原有州县的市已不能满足交换的需要，甚至一些农村的"草市"也开始发挥作用，服务于城乡居民的商品交易。同时城镇的发展，还为商品的远距离流动创造了条件。

比如隋唐时期，随着城镇数量的增加和城镇联系的加强，城镇之间的交通系统得到了很大的提升和改善。特别是水路交通获得了巨大发展。隋朝广通渠、通济渠、永济渠三条人工运河的修建，形成了全国性的运河体系，连通了南北经济。当时全国性的大城市几乎都是沿运河而建，或因运河而繁荣。洛阳是南北水陆交通的交汇，从而成为全国的经济中心、文化中心、粮食中心；扬州处在长江与运河交汇之处，其交通枢纽功能极为显著，不仅是物资集散和贸易的中心，还是唐代与海外沟通连接的重要港口，特别是和日本、东南亚等国的交流和贸易都是经扬州中转至长安、洛阳等地；广州的繁荣也是因其港口的地理位置而起，在海外贸易的推动下，广州成为连接内地、海外重要城市。

到了宋代，商贸城市分为国内贸易和国外贸易两种类型，其共同点就是此类城市商业贸易繁荣发达，不同之处在于国内贸易城市主要是水路交通沿线，发展商贸和物流转运等业务，如江南运河和长江交汇的镇江，鄱阳湖和长江交汇的江州（现九江），川北部交通干道沿线的利州（现广元）等，外贸型城市则主要是沿海港口城市，发展海外贸易，如广州、温州、泉州、台州、徐闻等，其中泉州和广州是最大的海外贸易城市。这些城市的发展都为商品化和市场化的发展提供了必要的条件和物质基础，使得消费文化的远距离传播与融合成为可能。

宋代随着城市向其周边农村扩张，以致城市郊区得到较大发展，城市周边众多农村发展成为市镇。在南宋临安的郊区，有十余个小大不一、规模不等的市镇兴起，建康、绍兴、镇江、常州、无锡皆为如此，这些市镇商贸业十分活跃，有的以农副产品的贸易为主，如嘉兴周边的魏塘镇，以

---

① 傅筑夫：《中国经济史论丛》（上），生活·读书·新知三联书店，1980，第345页。

粮食贸易繁荣著称，温州周边的"白沙镇因邻近山区盛产木材，从北宋末年起发展成为林业市镇"，[①] 等等。城市郊区及附近农村的发展，对于城市化而言，其意义更大于城市自身的发展，对于商品经济发展而言，也是经济发展的客观要求和必然结果。

2. 城镇发展在制度上促进商品流通

秦以来，中国城镇得到迅速发展的一个重要原因就是郡县制度的实行。秦以前的分封割据，不仅造成了地理空间上的分离，还造成了市场的分割。郡县制度这一城镇发展制度上的变革，不仅在政治上实现了中央集权，还能将城镇的经济联系在纵向和横向上双重展开。每一个城市甚至市镇，都成为该地区的人流和物流的集中和分散地，商品交换的市场随之建立和发展起来。

到了宋代，城市的经济职能进一步加强，许多原本以政治或防御职能为主的城市，特别是一些边塞城市，已逐步发展为政治、经济、文化功能并重的城市。城市商业的繁荣，不仅为农产品找到了更为广阔的需求市场，更为关键的是，由于农产品的交易扩大而加速了农村商品经济的发展。商品经济条件下的消费文化与自然经济条件下的消费文化显然不同，前者更为开放、多元、丰富，而开放多元的消费文化则更容易在其内部结构中产生冲突与融合，才能更好地推动消费文化自身的发展。

随着城镇的发展，农村劳动力开始向城市流动，当然，那一时期的劳动力流动并不是单向的、稳定的，而是以暂时的、离土不离乡的形式为主。但是这样一来，城乡之间的交流就更为频繁，城乡之间的物质交换就更为顺利。同时，由于社会分工和地区地理优势的不同，一些城市或农村开始进行了专业化的生产，而正是由于城镇及农村专业化生产的不断开展，则更加剧了城市之间、城乡之间、乡村之间的联系与协作，从而扩大了商品生产专门化和商品交换制度化的可能。换言之，以商品经济为基础的消费文化正在逐步兴起。

二　乡村经济主导下消费文化的逆向传播

所谓文化，就其本质而言有两个因素，一个是认同，另一个是基于认

---

① 陈国灿：《南宋城镇史》，人民出版社，2009，第149页。

同而产生的行为准则,消费文化亦是如此。消费文化首先要获得消费主体的认同,至少在消费生活中得到认同,进而成为其消费生活的行为准则。然而,认同是基于经济基础而言,各种文化、思想、观念能够得到社会的认同,一般而言是与其社会的经济基础相适应的。换言之,各种阶级阶层、社会力量在社会存在上的差异体现在观念上就是其所倡导的观念是否得到认同的基本标准。

(一) 乡村主导的经济结构及乡村消费文化对城镇消费文化的"含化"

唐宋以降,城市贸易甚至国际贸易得到了巨大的发展,城市经济呈现出繁荣的景象,但这些繁荣的商业景象都是以农业发展为基础的。因为农业生产力的发展,为农产品的商品化和市场化提供了可能。换言之,前现代城市的发展是依托于农业商品化和市场化而进行的,因此,农业发达程度较高的江浙地区成为城市经济发达的代表地区。而农业的根本是在农村,这就为几千年来的乡土中国文明定下了地理基调,农村是传统社会、自然经济条件下实质上的经济中心,以土地为基础的地权关系、血缘关系、邻里关系成为传统社会关系中的最重要组成部分。

正是因为传统社会中,乡土阶层力量的根深蒂固,以至于即使是较为发达的城市市场也必须依托于乡土社会结构及其势力才能得以发展,并进而为整个社会经济发展服务。传统的宗族、血缘、地缘关系对于传统社会市场的萌芽、发育、成长产生着至关重要的影响,城乡关系呈现出以乡村为主体的城乡统一或城乡和谐关系。现代市场经济意义上的发达市场所必需的各种组织形式、社会资源并不普遍存在于市场交易的各个环节,而作为市场交易所必需的一些组织原则、交易规则、道德法度都是基于乡村文明而形成的。

随着经济及贸易的发展,越来越发达的市场将乡村及乡村资源与城镇及城镇生活联系在一起。越来越多的地主、富裕农民成为商人,商人通过城镇贸易挣到钱之后并不是将钱作为资本进行更大规模的投资与扩大再生产,而是回到乡村社会这个母体,将经营贸易的利润所得以土地、房屋等不动产的形式确定下来,进一步巩固其在乡村中的社会地位和经济地位。因此,城市功能当中更多的成分是贸易和管理,而处于社会最为根本的生产环节,则大多是在乡村进行,城市并不是长久生存与发展的地方,而是客居通商之处。这样一来，社会的认同方式自然以乡村道德、伦理为准。消费文化不论是依托于生产方式的形式，还是生活方式的表征，都是围绕着乡村主导地位而发展和变迁的。农村的消费文化以强势文化的形式对城市消费文化进行"含化"。加之，传统社会城市存在着多种畸形消费，诸如娼妓消费等，使得乡村对城市消费保持着一直隔离或者天然的警觉，城市消费文化向乡村传播的可能性大为降低。同时，由于城市经商和贸易所得的各种财富和资源最终流向乡村，乡村以其主导的经济地位而使城市沦为乡村生活方式和消费观念传播和漂移的重要场所，城市成为乡村的延伸，城市消费文化成为乡村消费文化的异地呈现。

（二）空间生产的使用价值导向延缓了商品经济消费文化的传播与发展

马克思认为，资本主义生产关系的产生必须以一切前资本主义生产关系的解体为前提。马克思指出："在所有这些解体的过程中，只要更详尽地考察便可发现，在发生解体的生产关系中占优势的是使用价值，是以直接使用为目的的生产。"① 换言之，一切前资本主义的生产目的主要是基于使用价值的生产。

和任何历史时期一样，封建社会时期的中国也存在一般意义上的空间生产，但是和资本主导下的空间生产不同的是，传统社会空间的生产与再造主要是基于其使用价值而言的。当然这些使用价值不仅是指其作为房屋、建筑、桥梁、道路的基本使用功能，还包括这些空间的符号、象征、意义的文化元素，如皇帝的皇宫不仅是宜居的生活空间，还是皇家威仪、最高统治的象征，各种寺庙道观不仅是僧人道士参禅悟道的场所，还是众多信教群众的精神寄托所在，等等。然而，不论其使用价值如何界定，最为重要的特点是，传统乡土中国的空间生产不是以交换为目的的。在传统的乡村社会中作为生产所用的土地可以买卖，甚至可以频繁交易，但不论是城市还是乡村，房屋、建筑等依附于土地之上的生活用途的空间的交易并不活跃，因此，长久以来，中国土地流通频率高于房屋流通频率，房产的价格也保持在较低水平。正是基于使用价值主导的空间生产，城镇的建设与

---

① 《马克思恩格斯全集》第46卷（上），人民出版社，1979，第505页。

发展没有超越经济发展的水平，城市建设的规模也一直在较为稳定的状态。城市经济的体量及在经济结构中的地位始终远不及乡村经济。因此，自然经济主导下的消费对象、使用价值消费为主的消费观念、传统乡村社会的消费方式是整个社会消费文化的主流。以商品交换为目的的商品经济消费文化在传统社会中发展缓慢。

当然，以乡村经济为主导的消费文化并不意味着城镇发展对社会消费文化变迁的作用微乎其微，而是以一种缓慢的螺旋式上升的态势在逐渐改变和影响全社会的消费文化。随着商品经济的不断发展以及城镇建设水平的不断提高，城镇发展对生活方式及消费文化的推动作用将越来越明显。

三 城镇发展推动城乡生活方式的改变进而推动消费文化的改变

(一) 封建生产关系发端至繁荣时期的生活方式与消费文化

春秋时期城市的发展推动了私人工商业的发展，商人作为独立的阶层出现，"城市也出现了固定的消费地点和消费时间"[①]。这一时期，在支付方式上，金属货币的出现，改变了以往物物交换的形式，扩大了商品交换的范围，增加了商品的流通性，特别是黄金刀币等货币成为人们支付的主要手段，如管子所言"黄金刀币，民之通施也"[②]，"士受资以币，大夫受邑以币，人马受食以币"[③]，几乎生活中的各类阶层各类物资都以货币结算，而且城市之间的交易，都城与诸侯国之间的交易，也使用货币，当然当时的货币种类还很繁多，在币种上并没有得到统一。从消费支出的项目来看，城市居民的消费主要是在生活必需品的消费上，但是也开始出现了娱乐性消费和其他消费，管子曾说"尝至味而，罢至乐而"，即要吃好的食物和听好的乐曲。当然，阶级消费的对立以及城乡消费的对立也是当时消费文化的一个重要特征，一边是统治阶级无度的奢侈消费，另一边是一般居民的生活的消费资料匮乏，生活相当窘困，正所谓"饥者不得食，寒者不得衣"。从消费观来看，由于商品经济的发展，交换已经进入到城市居民的生

---

① 张鸿雁：《春秋战国城市经济发展史》，辽宁大学出版社，1988，第156页。
② 张鸿雁：《春秋战国城市经济发展史》，辽宁大学出版社，1988，第179页。
③ 张鸿雁：《春秋战国城市经济发展史》，辽宁大学出版社，1988，第179页。

活和思想中。管子甚至提出"高消费以解决穷人就业的问题"①,"丹沙之穴不塞,则商贾不处。富者靡之,贫者为之,此百姓之怠生,百振而食。"即让富者奢侈消费,让穷者从而生活。虽然这种高消费的群体是统治集团,但是也反映出当时商品经济对消费观念的改变。

"宋代的酒楼遍布城乡各地","包子酒店,专卖灌浆馒头、薄皮春茧包子,虾肉包子、鱼兜杂合粉、灌熬棒骨之类的主食","还有的酒店兼卖猪下水、豆腐羹之类的小吃"②。除此之外,其他方面的消费方式也发生很大改变,南宋甚至在各地都开有公共澡堂,临安的澡堂甚至有了行业的组织,形成了较大的规模,澡堂中的各项服务,诸如搓背等也开始出现。从支付方式来看,商业的繁荣推动了货币的发展,宋代就有金银铜甚至铁币,南宋时还发行了纸币,"在临安府专门设立'行在会子库',作为货币发放兑换机构"③,纸币的发行无疑加快了市场货币的流通与消费经济的发展。当然纸币的发行也给商品经济带来了一些消极的影响,如假币的制造与交易变得成本更低和更加容易。在宋代伪造纸币现象曾一度十分严重,特别是在北宋末年、南宋之初,天下战乱未稳之时,假币现象尤为明显。假币的出现影响了消费文化的健康发展,人们在生产和消费中出现投机心理,"今之交子,较之大钱,无铜炭之费,无鼓铸之劳,一夫日造数十百钱"④,大量假币的出现造成纸币的贬值和通货膨胀,又进而影响到商品生产和消费以及商品经济的发展。另外,宋代还出现了"便钱""钞引"这类有价证券。"便钱"比唐代的"飞钱"功能更多,除了具备"飞钱"异地汇兑的功能,宋代的"便钱"可以直接在市场上流通,且可由官营,增加了政府和市场之间的联系,也等同于直接增加了市场上的货币供给。各类"钞引"如"盐钞""茶钞引"等,可以直接用于提取相应货品,"钞引"还可以在市场上进行交易、流通,并且"钞引"自身也有其价格以及价格上的波动。这些钞引通常数额巨大,经社会经济带来的影响就不仅是体现在支付方式上的变革,更重要的是对整个消费品的供给、消费以及商品经济的发展带

---

① 张鸿雁:《春秋战国城市经济发展史》,辽宁大学出版社,1988,第189页。
② 尚园子等:《宋元生活掠影》,沈阳出版社,2002,第81~83页。
③ 傅崇兰等:《中国城市发展史》,社会科学文献出版社,2009,第115页。
④ 汪圣铎:《宋代社会生活研究》,人民出版社,2007,第546页。

来更大的影响，甚至有类似期货的部分功能。

从消费心理或消费偏好来看，宋代人民的消费更加精致。这不仅体现在饮食方面的要求更高，其他方面的生活细节也是如此。宋代人民特别是城市居民，沐浴、洗面要用专门的去污用品，宋代开始使用牙刷，医疗保健成为人们消费很关注的一个方面。在服饰上宋代人民也更加讲究，"南宋临安卖百货饮食的生意人，在其服饰及所用器具上都是很讲究的"，"无论是推车的还是挑担的，他们的车盖儿及担儿上都做过精心的装饰"①，宋代开始流行在腰间佩戴"荷包"，既可做装饰，还可以方便携带一些细碎物品。宋代文娱消费非常繁荣，市民不仅有蹴鞠、游泳、划船、赛龙舟、放风筝等各种日常的文娱活动和消费，而更为高端的出游赏玩也风气日重，不仅是皇室贵族、富商巨贾，寻常富人也很热衷于游园娱乐，到后期市民也都争相游园，甚至部分市镇都出现了造园、游园的消费风俗；另外，宋代各种杂耍、文化娱乐场所也很普遍，一般城中都会开设固定的演艺场所"瓦子勾栏"。在消费观方面，宋代人们崇尚消费。如"瓦子勾栏"本是开封所设，随后就遍及全国各地州府城市，再后来甚至在一些县城和市镇都设有此类娱乐场所。当时很多农村生活的居民很羡慕城市生活，"不少乡村富户也倾向于'城居'"，"追求城市的优越舒适生活环境的，并不局限于文人士夫"②。这种现象是由城乡之间客观存在的生活环境、消费水平的差异而造成的，其结果是农村民众开始模仿、追求城市居民的生活方式和消费方式，认同城市居民消费观，如司马光所言"窃惟四民之中，唯农最苦……故其子弟游市井者，食甘服美，目睹盛丽，则不肯复归南亩矣"③。人们对商品经济所带来的繁华十分向往，而这绝不仅限于达官显贵和一般城市居民，在一些经济落后、市井不发达的村镇甚至有其官员弃任逃走的现象。这些现象一方面显示出人们普遍追求高品质生活的诉求；另一方面，也显示出宋代消费文化中崇尚奢靡的社会风气。

（二）资本主义生产关系萌芽时期的生活方式及消费文化

在明代，新旧生产关系的碰撞日趋明显，矛盾日趋尖锐。一是农产品

---

① 尚园子等：《宋元生活掠影》，沈阳出版社，2002，第110页。
② 包伟民：《宋代城市研究》，中华书局，2014，第338~339页。
③ 包伟民：《宋代城市研究》，中华书局，2014，第340~341页。

的商品化加快商品经济的发展。大量城市居民的出现，以及手工业从业者等脱离农业生产，对农产品商品化的需求越来越多，客观上加快了粮食等生活资料的商品化，促进了商品经济的发展。而为了满足城市居民生活资料的供给，一些城市周边的农民开始从事农产品的买卖经营，直接成为商业从业者。同时，由于城市手工业发展迅速，手工业原材料的供给、买卖也成为很多商人经商的商机，他们往返于农村和城市、原材料产地和产品加工地区，他们关心市场需求，了解市场行情，商品经济意识逐渐增强。二是资本主义生产关系的出现。在明代的一些手工业发达的城市，如苏州等地是存在资本主义生产关系的，至少是存在资本主义生产关系萌芽的。据《织工对》中记载："有饶于财者，率聚工以织……杼机四五具，南北向列，工十余人，手提足蹴，皆苍然无神色……（姚姓工人说）吾……日佣钱二百缗，吾衣食于主人，而以日之所入，养吾父母妻子"[1]。从这段描述，我们可以很清晰地看出，"饶于财者"为资本家，"工十余人"皆为雇佣工人，这些工人出卖自己、出卖劳动力，依靠资本家所提供的生产资料来生产，以"日之所入"养家糊口。换言之，资本主义生产的两大主体——资本家、雇佣工人已经出现，资本主义生产关系的实质——雇佣关系也已存在，据此基本可以推断资本主义生产关系出现了。三是明代城市作为封建统治的重心体现着强烈的封建性、保守性和腐朽性，阻碍资本主义生产关系的进一步发展，封建意识形态和商品经济意识形态激烈碰撞。中国封建王朝的城市是各级权力机构的所在地，是全国政治、经济、文化、军事的集中地，城市作为王朝统治的据点，掌控着货币的发行，以及大量的官营手工业，盐、铁等专卖业务加上城市周边的官田以及其他地区包括农村的土地、矿山资源等，构成了封建王朝的统治基础，据此看来，城市无疑是其统治的重心，也是其对民众进行掌控的中心。城市虽然聚集着大量的工商业者，甚至是富商巨贾，但是他们大多依附于封建王朝及其统治阶级，依靠统治集团成员所掌握的资源来经商获利，而获利之后又大肆购买田产，从而成为新的大地主，成为封建生产关系的守护者。这些既得利益者，不仅是封建的、保守的，还是腐朽的、寄生的。统治集团成员都生活于各级

---

[1] 韩大成：《明代城市研究》，中华书局，2009，第373页。

城市中，明代各级皇亲贵族分封于全国各地，他们脱离劳动生产，鄙视商业活动，重视农业而不为农业发展，只为盘剥农民，这些人不仅数量庞大，而且生活腐朽糜烂程度更是惊人。整个明代的主导思想是重农抑商，"抑商"不仅表现在统治集团贬低、鄙视商人上，而且还表现在对对外贸易实行海禁上。明代只有广州、宁波、泉州三个城市可以承接对外贸易，而且主要是"朝贡式"的贸易形式，执行所谓"片板不能入海，片帆不准入港"的闭关锁国政策，这种意识形态和商品经济交换、流通的意识形态形成鲜明的对比和激烈的碰撞。以至于在明代虽然城市发展水平超越了前代，但其开放性、流通性还不及唐宋时期。各阶层的矛盾也日益突出，出现了多次反对矿盐税收的斗争，民众渴望"平买平卖"。当然我们还应看到，城市的发展虽然在一时阻碍了新的生产关系的发展，但是从长远来看，城市也积蓄着反对旧生产关系的力量，孕育着新的生产方式。

明代属于封建社会末期，新的生产关系、生产方式对于社会生活、生活方式的冲击是巨大的。从消费品供给来看，明代宫廷饮食材料多为贡品，少数来自民间采办，士大夫等贵族饮食奢靡，食不厌精，同时追求地方特产，称之"方物"，这些多为市场采购而得。"变"还体现在生活主体时空上的改变，随着劳动生产率的提高，农村人民的闲暇时间开始增多，而对于许多城市居民而言，他们的闲暇时间增多是和"动"联系在一起的。"动"主要体现在人员的流动上，明初朱元璋限制人民的流动，对人口的控制相当严格，鼓励人民务农，而非远徙，匠人、手工业者、商人外出也必须随身携带"路引"，无"路引"则会被论罪逮捕。但是由于许多原因，人口流动越来越频繁。例如，一方面客观上南北人口差异较大，南方人多地少，而北方诸如陕西等地，地广人稀，官方为此也曾主持过人口的迁徙；另外一方面由于商品经济的发展，商人、手工业者等的外出增加了人口的流动性，当然，土地兼并、赋役日重，使得很多农民不得不背井离乡，当然这也造成了农民自身的分化，一部分有资产的进城成为商人，而没有产业和钱财的进城成为无业人员或雇工。越来越多的农民进入城市生活，改变了他们的生活时空，闲杂无业人员的闲暇时间很多，而受雇劳作的手工业者为了多获得报酬而拼命劳动从而使闲暇时间减少，农民流动性的加强也扩大了他们的生活空间。明初出走50公里以外则需要向官府申请"路引"，而明中后期则管理松散，人民生活的空间范围越来越大。同时，明代出于军事需要，各地交通较从前有了较大的发展，水陆通道发展迅速，也推动了人口的流动。正是由于人民生活时空的改变，闲暇时间的增多，使得城市娱乐生活十分丰富。诸如戏曲梨园、杂技堂会随处可寻，棋牌逗趣、赌博投壶也十分常见。因此，从消费结构来看，服务消费、娱乐消费已经较为普遍。当然，明代居民消费仍然是两极分化严重，下层民众，诸如普通农民、商贩、手工业者等，其生活仍然十分困苦。"到头禾黍属他人，不知何处抛妻子"① 正是当时农民生活的写照，从饮食来看，农民也主要是米粥、米饭，穿着也还是青衣棉布。

从消费方式来看，消费地点多样化和专业化。"在南京城中，单是卖糖食的铺户，就有三十多家"②，"在开封城内，也是酒馆、饭店鳞次栉比，买卖各样饮食……在酒园里，更是有各样美酒，各色美味、佳肴，高朋满座，又有清唱妓女伺候"③，"在一些市镇上，也无不设食店、酒馆，以招揽生意"④。在支付方式上，明代比较混乱。明初使用纸钞和铜钱，之后逐渐使用白银。明初严禁居民金银交换，但是由于政府无度发行大量纸币，使得纸币不断贬值，政府规定纸币面值为"钞一贯，准钱前文，银一两"⑤，到嘉靖时期，每千贯只能折算银二钱，明末纸钞几乎被废弃。由于商品经济发展迅速，市场开始以白银为货币交易，但是很多银匠在熔银成锭时，以铜、铅等掺入银锭，致使伪银盛行，在一定程度上影响了民众的消费和交易。明代借贷资本发展较快，典当行业发展迅速，从城市到市镇都有当铺开设，"南京，万历时，开张当铺，不下数千百家"⑥。

从消费观来看，明代崇尚僭越消费、新奇消费和奢靡消费。僭越消费前文已述，此处不再赘述。明代追求时尚新奇消费，仅以服饰为例，明代挣脱传统等级纲常对服饰的限制，追求服饰的美观时尚，保守、传统的穿衣风格转为以美观、开放、合体为佳。女子服装色彩缤纷、样式各异，男

① 陈宝良：《明代社会生活史》，中国社会科学出版社，2004，第108页。
② 何良俊：《四友斋丛说》第12卷，中华书局，1983，第99页。
③ （明）佚名著，孔宪易校注：《如梦录》，中州古籍出版社，1984，第28~57页。
④ 陈宝良：《明代社会生活史》，中国社会科学出版社，2004，第267页。
⑤ 韩大成：《明代城市研究》，中华书局，2009，第162页。
⑥ 韩大成：《明代城市研究》，中华书局，2009，第176页。

子服装在衣料、质地上也有很多新奇之处。《松江府志》记载："男子广袖，垂大带与身等，组织花纹新异，如雪梅、水田凡数十种"①。一些文人、士大夫所穿服饰更是轻佻新奇，甚至自己裁制，自做新样，民众争相效仿。明代崇尚奢靡较之以往有所不同，明代奢靡成风不仅限于统治集团、贵族、富商，平常人家也追求消费，崇尚奢侈；同时，明代的奢靡消费往往是和僭越消费结合在一起的，因而具有特殊性。以饮酒为例，明代好饮成风，江南经济发达地区更是对酒色、酒味、酒器、酒品都十分考究，商贾富户日日豪饮宴请自不必说，文人雅士吟诗作对、聚会畅饮，无酒不成诗，就连平常人家也是饮酒成风，"贫人负担之徒，妻多好饰，夜必饮酒"②。明代富户、士人出行游玩更是讲究排场，晚明时期"吾吴之俗，一登科第便非肩舆不行，甚者仆从如云，夸耀乡里，以为固然"③，这种现象在显示富人追求排场的同时也体现了当时社会等级秩序的混乱。此种消费观从经济发展角度上讲，是商品经济发展提高人们的生活水平所带来的消费心理和风俗，而根据前文所述消费文化影响机制，消费观作为一种社会意识终归决定于当时的社会存在，奢靡的消费观还和当时的社会现实和国家政策有关。明代推行重农抑商政策，朝廷重视富农而轻视商人利益，发生过多次对商贾巨富剥夺财产的情况，"天启时的富商吴金薄，先后借给朝廷的银两多达200万，朝廷赖账不还"④，"弘治时，大珠宝商冯谦、王通、李祥、王智等，都因莫须有的罪名被朝廷强行逮捕下狱，财产皆抄没"等，朝廷轻视甚至践踏这些在商品经济发展中获益的富商利益使得他们没有社会安全感，及时行乐成为普遍的社会心理。明朝中后期开始，社会动荡不安，社会关系混乱，传统等级制度和伦理纲常受到严重挑战，"重义轻利"的传统道德有所动摇，富商缙绅的各种僭越消费给社会带来了示范效应，人们羡慕向往这种消费方式。加之明末连年战乱，投资田产风险增加，人们便投身消费。

---

① 崇祯：《松江府志》第 7 卷，转引自陈江《明代中后期的江南社会与社会生活》，上海社会科学院出版社，2006，第 130 页。
② 陈江：《明代中后期的江南社会与社会生活》，上海社会科学院出版社，2006，第 136 页。
③ 陈江：《明代中后期的江南社会与社会生活》，上海社会科学院出版社，2006，第 145 页。
④ 陈江：《明代中后期的江南社会与社会生活》，上海社会科学院出版社，2006，第 151 页。

　　而到了清代，从生活主体的结构来看，清代社会大约分为七个等级"皇帝、宗室贵族、官僚缙绅、绅衿、凡人、雇工人、贱民"①。前三者生活在城市中，绅衿指进士、举人、贡生、秀才等科考获取功名者，凡人指平民，因无特权而称为凡人，包括地主、商人、自耕农、手工业者、年农、佣工、僧侣，绅衿和凡人生活在城、乡皆有，贱民则指奴婢等，随主人生活。清代农业劳动生产率提高，大量农业人口从农业劳动中分离出来，社会流动性加强。据吴慧研究，清代"每一个农业劳动力生产的粮食可供 3.6 人口粮、其他食用以及非生活性消费（种子、饲料等）之用……乾隆时……1 个劳动力养活 5 个人（包括生产者自己）"②。清末封建王朝由盛转衰，农业劳动生产率有所下降。史志宏测算了 1840 年前夕的劳动生产率数据，"全国总人口数为 4.128 亿人，农民人口占总人口的 90%；农业人口占农民人口的 40%；种植粮食作物的劳动力占农业劳动力的 75%……每个种植粮食作物的农业劳动力供养包括他自己在内的 4.13 人"③。由此，我们可以得知，即使身份是农民，也有大部分是非农业人口，而农业人口中又有一部分是进行经济作物的种植，如棉花等，非农业人口可以游走于城乡进行商品交易，经济作物的种植为手工业生产的发展提供了大量的原材料，从而也推动了农业人口成为手工业者、经商人员。农业生产的优胜劣汰，使得农业人口加剧了自身的分化，一批雇工人员成为城市新市民的同时也为新生产关系创造着必要的主体。因此，我们可以肯定的是，全国总人口和城市人口持续增长，清代消费性群体的数量在大量增加。

　　从消费品来看，城市平民消费品的获取主要通过市场购买，清代由于地区分工和地区专业化生产的发展，如江南等棉花高产区，即使是农民，其生活日用品的来源也和市场紧密联系，"早已突破所谓'自给自足'的生产模式，在副食消费上，这一点就体现得非常突出"④。根据黄敬斌博士的相关研究，我们可以江南农户的消费情况来考察当时人民的消费品结构。

---

① 冯尔康等：《情人社会生活》，沈阳出版社，2001，第 3 页。
② 吴慧：《清前期粮食的亩产量、人均占有量和劳动生产率》，《中国经济史研究》1993 年第 1 期。
③ 转引自张研：《清代社会经济史研究》，北京师范大学出版社，2010，第 61 页。
④ 黄敬斌：《民生与家计：清初至民国时期江南居民的消费》，复旦大学出版社，2009，第 80 页。

从表 3-1 我们可以看出，清代农户饮食消费品结构已经十分丰富、合理。根据黄敬斌博士的测算，18 世纪中叶江南农户日常消费的恩格尔系数为 56.6%，19 世纪中叶为 59.9%[①]。从数据来看，无论是恩格尔系数的高低，还是副食品、服饰、嗜好品消费的数量，18 世纪中叶人民生活水平高于 19 世纪中叶水平，但各项消费所支出的费用在 19 世纪中叶更高，这是由于清末社会动荡、外敌入侵、物价上涨所致。从恩格尔系数所处的数据段来看，在清代即使是经济发达、社会富庶的江南地区，其农户生活水平总体上也仅处于温饱状态。这显然和统治集团阶层人员的生活水准有极大差距。这是中国经济以及消费的"二元"特征的具体体现，而城市特权阶层、富人缙绅消费奢靡，以炫耀、挥霍为目的的消费蔚然成风。

表 3-1　清代江南农户年消费品结构及估价
（按五口之家为一户以及当时物价估算）

消费项目		18 世纪中期		19 世纪中期	
		消费量	支出额（两）	消费量	支出额（两）
主食（石）		12.5	20.9	12.5	29.3
饮食	副食 蔬菜（旧斤）	1050	3.9	840	4.2
	肉类（旧斤）	30	1.1	20	1.0
	水产（旧斤）	25	0.5	20	0.6
	禽蛋（旧斤）	12.5	0.4	10	0.4
	调味品 油（旧斤）	33.5	1.2	30.0	1.5
	盐（旧斤）	37.5	0.4	37.5	0.5
	糖（旧斤）	27.5	0.7	20.0	0.7
	酱醋（旧斤）	35.0	0.7	30.0	0.8
服饰等	棉布（匹）	13.2	4.0	8.3	3.5
	棉絮（匹）	5.0	0.6	3.0	0.3
	其他材料、饰品等	—	0.7	—	0.6
教育和娱乐		—	0.7	—	0.8

---

① 黄敬斌：《民生与家计：清初至民国时期江南居民的消费》，复旦大学出版社，2009，第 308 页。

续表

消费项目		18 世纪中期		19 世纪中期	
		消费量	支出额（两）	消费量	支出额（两）
医疗		—	1.5	—	1.5
嗜好品	酒（旧斤）	100	1.7	80	1.9
	烟草（旧斤）	3.5	0.5	5	1.0
	茶业（旧斤）	5.0	0.2	4	0.2

资料来源：黄敬斌：《民生与家计：清初至民国时期江南居民的消费》，复旦大学出版社，2009。饮食项数据参见第 103 页、服饰项数据参见第 156 页、嗜好品项数据参见 268 页，其他项参见第 308 页。

　　从消费品的供给来看，商品经济的繁荣，南北货物往来频繁，人民可以选择的消费品越来越多。而且随着对外贸易的发展，清代自康熙年间就有了洋行，以专门管理、售卖外商贩运来华的物资，当然外商所需中国的商品也需经洋行之手。"康熙二十五年（1686 年），广州就有了十三行的名目"①，至雍正五年"广东旧有洋行名曰十三行，其实四五十家"②。鸦片战争爆发后，清政府被迫开放诸多通商口岸，随着资本主义国家对华商品输出的愈演愈烈，国内市场上可供选择的国外商品更是十分丰富。从支付方式来看，清代在货币体系上大体是银锭、铜钱并用，纸币等也有发行。从消费观来看，清初由于国家刚刚建立，整体社会风气崇尚节俭，尽量避免奢华浪费，但是到了乾隆后期，社会风气逐渐追求奢华，特别是在一些风俗礼仪上铺张浪费成为习惯，比如重视婚嫁丧事等，在婚丧之事上铺张挥霍。值得一提的是，清代后期一些畸形消费在清代得到了快速的发展与传播，如鸦片消费、赌博和色情消费。特别是在一些对外贸易发达的通商口岸和沿海城市，如广州、上海等地此类消费更是盛行。"19 世纪初，广州城内出售鸦片及吸烟工具的店铺达六百家之多"③，鸦片"已经成为许多广州居民日常生活不可或缺的消费品"④，这当然和清人喜欢抽烟的习俗有关，

---

① 郭蕴静：《清代商业史》，辽宁人民出版社，1994，第 349 页。

② 郭蕴静：《清代商业史》，辽宁人民出版社，1994，第 351 页。

③ 蒋建国：《晚清广州城市消费文化研究》，博士学位论文，暨南大学，第 180 页。

④ 蒋建国：《晚清广州城市消费文化研究》，博士学位论文，暨南大学，第 180 页。

但是烟草和鸦片毕竟不可同日而语，已经从嗜好品转变为毒品。清人吸食鸦片的数量惊人，仅以广州为例，"1877 年的粤海关报告称：广州及其郊区每年的消费量约为 1500 至 2000 担"①。随着商品经济和城市消费的繁荣，色情行业消费亦迅速发展，"道光年间广州色情业已经非常发达，其场面之壮阔，陈设之豪华，景色之优美，堪与旧时秦淮河的盛况相媲美"②，到了清末，"1908 至 1910 年左右，陈塘有大寨 35 个，大小娼凡二千余人……东堤有十二所，连南词天香绮翠两院，共十四院，妓女千余。"③ 鸦片、赌博、色情行业的发达，一方面表现了当时社会娱乐行业的繁荣，消费形式的多样化；另一方面，也反映了当时人们消费生活的"低俗化"和"去道德化"，而且这种现象已不再是统治集团内部的腐化败落，而是深入到社会的各个阶层，特别是作为社会绝大多数的底层人民亦是如此。清末由于外来商品、资本和文化的巨大冲击，给传统伦理带来了空前的挑战，国家的衰败和社会的不安使得传统伦理道德的力量正在逐渐衰弱，人们在社会生活和精神意识上是病态的、空乏的，儒道等主流社会意识形态失去其对民众精神世界的掌控能力，社会意识的跌宕转型反映在消费文化上就是一部分人消极、畸形、混乱的消费风格。

第二节 现代城镇化萌芽时期的消费文化变迁

一 城乡关系逆转背景下的近代城镇化

（一）城乡关系的逆转

晚清以降，中国传统的城乡关系受到越来越大的挑战。由于各类通商口岸城市的兴起，外国资本主义对华的商品输出和资本输出，带来了两方面的后果：一方面，越来越多的国外商品的输入，使得农村、农业、农产品逐渐失去了"劳动社会化"的途径，城市原本对于农产品的商业化、市

---

① 蒋建国：《晚清广州城市消费文化研究》，博士学位论文，暨南大学，第 181 页。
② 蒋建国：《晚清广州城市消费文化研究》，博士学位论文，暨南大学，第 197 页。
③ 蒋建国：《晚清广州城市消费文化研究》，博士学位论文，暨南大学，第 200 页。

场化功能逐渐丧失或部分丧失，自然经济条件下的农业商业化过程被迫中断，从而导致城乡之间失去了原有的特殊状态下的和谐与均衡；另一方面，作为城市而言，它们失去了传统城市经济的乡村腹地，失去了城市经济赖以依托的乡村物质、精神，甚至伦理、道德资源，城乡间的关系开始出现断裂或断层，中国开始进入政治、经济、社会发展最为不均衡的历史阶段。

城乡关系的断裂绝不仅意味着空间上的相互隔绝，更为重要的是城乡之间的传统道德评价方式、文化传播方式受到极大的威胁。于是，在农村，农民继续沿袭传统的基于人与人日常交往体验而产生的最质朴的道德评价方式来对日常生活、消费活动进行价值评价；而城市居民则拉开了多元价值观的序幕，传统的、西洋的、现代的、改良的等，各种价值观和消费观念在激烈地碰撞和交融。

（二）近代城镇化的特点

辛亥革命至中华人民共和国成立之前的这段时间是中国城市化的起步阶段，由此城市化和现代化的关系日趋紧密，城市化既是现代化的推动力量，也是现代的标志之一。近代城市功能由政治主导转变为物权中心型和经济重心型，空间格局由传统的"前朝后市，左祖右社"转变为工业区、商业区、政治区、生活区新模块化发展。城市的转型为新产业及新生产方式的转型提供了必要的前提基础。城市是物资、商品、人口的集中地，成为近代工业兴起的核心增长极。近代工业兴起初始阶段是洋务派的实业运动，而辛亥革命之后中国则真正开启了现代城市化的变革，城市的现代化体现在很多方面，如拆除城墙、兴建马路，振兴实业、发展商业，新式教育、新派生活等，这些社会存在和社会意识上的变化，使得城市为新兴产业的发展提供了物资资本、原材料、交通物流、人力资本等各种生产要素，迅速成为带动整个社会现代化的增长极。

城市促进新式工业及资本主义生产方式的发展。新式工业生产是指用机器化的有组织的生产代替传统的个体劳动式或手工作坊式的生产方式，其生产关系是资本主义雇佣关系，这种新式工业的发展，实质上也是现代化工业的发展。城市对于现代化工业的发展作用明显大于农村。中国近代民族资本主义工业的来源很大程度上是原有手工业作坊。清代及之前的传统手工业有官营和私营两种，而私营又有城市手工业和农村手工业之分，对于城市手工业而言，有家庭式手工业和商号手工业，农村手工业主要是家庭式生产，是农民在农闲时从事的副业生产。随着封建王朝的覆灭，旧式官营手工业不复存在，私营手工业迅速发展，但是家庭式手工业无论是城市的还是农村的，都难以实现从家庭手工业转变为工场手工业，甚至机器工业生产的转变，特别是农村家庭手工业在农村经济逐渐解体和崩溃的环境下，退而成为仅为满足自身需求而进行的生产，或者直接破产离开土地和家乡进城成为雇佣工人。只有城市中原有商号手工业凭借其原先积累的资本，在工场手工业的基础上逐步向机器工业生产过渡。工场手工业是早期民族资本主义工业存在的主要形式，他们具有大量的雇佣关系存在，但是技术力量相对薄弱，所使用的机器也大多是旧式的或稍加改良的旧式机械。随着资本积累的增加，辛亥革命以后，这些工场手工业大多转变为机器工业生产，成为中国现代化的最初力量。据不完全统计，"1911年采用机器生产的中国工业企业达到600家"①。城市不仅是民族资本家成长的摇篮，由于其在现代交通中的优势地位，城市还为现代工业发展提供诸多物流的便利及丰富的劳动力资源。并且近代大城市多为通商口岸城市，外来的金融资本、管理经验、先进技术都为资本主义现代工业发展提供了保障。

二 新的生产方式催生新的消费风格

(一) 生产方式的改变对消费主体的影响最为深刻

从消费者的量的角度来看，农村自然经济的逐步解体而带来的农村劳动力向城市迁徙的推动力和城市机器工业生产发展而引发的对农村劳动力的吸引力"双向发力"，使得大量劳动力脱离农业生产、离开农村进入城市，成为城镇人口，进而成为城市消费者。"近代中国城镇化水平的最高值在16%～18%"②，这是封建社会千百年来城镇人口的最高峰，对生活主体城乡分布的影响是深刻而巨大的。从阶级结构来看，新旧生产方式及社会转型时期，消费主体的阶级结构比原来更为复杂，中国成为一个"两头小中

---

① 何一民：《从农业时代到工业时代：中国城市发展研究》，四川出版集团、巴蜀书社，2009，第246页。
② 何一民：《从农业时代到工业时代：中国城市发展研究》，四川出版集团、巴蜀书社，2009，第620页。

间大"的社会阶级结构，具体的阶级或阶级分层有地主、官僚、军阀、商人、资本家、买办、工人、农民、小手工业者等。"中间大"的社会阶层是城市消费的主体阶层，这一阶层的扩大对城市消费经济的发展有巨大推动作用，同时由于这个群体自身结构的复杂性，所以阶层内部消费文化的碰撞与交融又比其他阶层有着更为重要的意义和效应。

从消费者阶层的流动性来看，封建社会阶级分层相对固化，科举制虽然对社会阶层的流动有突破、有贡献，但其影响的只是极少数人的社会分层。在新的生产方式和社会中，社会阶层的流动较之以往更为频繁，既有农民、手工业业者、商人破产沦为工人的向下流动通道，也有雇工、学徒等通过自身努力、积累而成为商人、经理等的向上流动空间。"如在当年的三友实业社培养的一大批学徒工人，有很多人在以后成为上海乃至全国最早的毛巾被单织造业的厂长、经理、老板。"[①] 从社会成员社会组织形式来看，封建社会也有一定的社会组织，如行会、帮会等，但组织种类少规模小，而在新的生产方式下许多大规模的社会组织得以产生，如商会、工会、农会甚至政党。阶层的流动对消费文化的传播有着重要的意义，消费文化有着意识形态性的本质属性，阶层的流动意味着社会关系的变更、社会空间的转换以及由此而带来的意识形态的转变，不同意识形态性的消费文化在同一主体自身发展的不同阶段得到了不同的体现。

从消费者自身素质来看，城市人口素质得到极大提高。一方面，农村劳动力变成无产阶级工人，在机器大生产的过程中不断接受着新式生产方式的培训，劳动技能和熟练程度都比以往有很大提升；另一方面，城市人口及就业人口的受教育水平大幅提高。"据上海职介所统计，1931 年后，每年至该所登记求职者 23614 人，其中国外大学毕业的 3949 人，占总人数的16.7%；专科毕业 2378 人，占总人数的 11.66%；师范毕业 2238 人，占总人数的 9.47%；中等职校毕业 4638 人，占总人数的 17.04%……中学毕业以上学历的占所有求职者的 65% 多。"[②] 从性别差异而引起的社会地位来看，

---

① 何一民：《从农业时代到工业时代：中国城市发展研究》，四川出版集团、巴蜀书社，2009，第 251 页。

② 《上海职业指导所概况》，《职业教育》第 156 期，转引自何一民《从农业时代到工业时代：中国城市发展研究》，四川出版集团、巴蜀书社，2009，第 255~256 页。

近代女性在社会生活中的地位明显提高，独立性增强，男女性别关系逐渐向平等状态靠近。费孝通先生在《江村经济》中讲述过一个有趣的事例，一个在村中工厂工作的女工因为下雨时丈夫忘记给她送伞，竟然公开责骂她的丈夫。这种情况在等级制度森严、男女尊卑有别的封建社会是不可想象的，更何况是在农村。消费者自身素质的提高，男女社会地位的再平衡，对消费文化的发展有着重要的推动作用。如果说在较为蒙昧的消费群体间，消费文化是以隐性的、不自觉的姿态来指导人们的消费活动，那么随着消费者自身素质的提高，消费文化的自觉成为可能，消费文化将以一个更为显性的、自觉的姿态来影响人们的消费生活。

（二）新的生产方式改变消费主体的消费时空

消费者同时也是生产者，在自然经济条件下，农民耕作劳动的时间除了由节气时令制约之外，一般可以自主决定生产劳动时间。而资本主义生产方式是社会化的生产方式，是多个人同时使用生产资料协同劳动进行的生产，特别是机器大生产，人的劳动时间和机器运转时间是同步的，这和以往家庭式手工业者工作时间差别很大。以往自己可以掌控劳动时间，劳动间歇的休息时间也由自己安排和支配，但是机器大生产情况不同，只要机器在运转，工人的劳动就必须协同机器完成。由于资本主义生产方式对剩余价值的无限追求在早期表现为绝对剩余价值的榨取，绝对剩余价值是依靠延长工人劳动时间从而获取剩余价值的最简单的方法，工人的劳动时间比从事农业劳动时大大延长，工人工作时长一般在每天 14～18 小时。另外随着工厂规模的扩大，对工人生产的管理也更加严格，20 世纪 40 年代"重庆江北 21 兵工厂，仿效日本的管理法，工人上工要挂名牌，到厕所亦要挂号，唯恐工人偷懒"[1]。同时，由于机器生产带来的生产力迅速发展，对于新机器使用和新技术的推广的学习和培训时间也越来越多。这些带来的一个重要后果就是时间开始被"商品化"。

时间一旦被商品化，就会以革命性的姿态来影响消费及消费文化。因为时间不再完全由个人控制，个人可控时间的多少成为衡量其在社会经济生活中地位高低的重要指标，社会结构在社会时间结构的分化中得到了进

---

[1] 陈达：《我国抗日战争时期市镇工人的生活》，劳动出版社，1993，第 684 页。

一步的固化，这种固化的时间结构以强势的力量形塑消费者的消费活动以及其消费文化，消费文化的阶级属性得到了显性的表达。不同阶级之间的消费文化一方面指导着类属本阶级消费者的消费活动，同时又对其他阶级的消费文化产生各种吸引、排斥、肯定或否定的推动力。下层阶级对上层阶级（仅以所拥有资本数量多少为衡量标准）消费文化的模仿也变得更为动力充足以及轨迹清晰。

与时间结构重塑相对应的是空间结构的再造。时间被商品化之后，空间的商业性也更为重要。这不仅表现在消费空间的增多，还表现在空间之间的界限被逐渐取消或打破。随着现代交通工具火车等的运用，人们生活空间的范围越来越广，由于农业经济崩溃和战乱、天灾等原因而迁徙别处生活的人也越来越多，如"天津的大久制盐公司计划在1927年2～3月间招募200～300名工人，结果在一天之内就吸引了400多名山东人来此等候录用"①，除了地域上的流动和迁徙以外，人们特别是工人的生活住所空间也发生了巨大变化，在农村，他们住的相对分散，可以做到"鸡犬相闻而不相往来"，但是进城成为工人后，他们住所十分集中，很多人是住在厂区的宿舍和工棚，如"天津各大纱厂还到农村和南方招募熟练工人，工人全部住在宿舍"②。就城市生活空间而言，工人的生活空间也有其特点，由于近代工业发达的大城市一般都是沿海、沿江的城市，而各城市的工业区又主要在离江海很近的港口、码头等，因此近代工人生活的区域很多都是沿河、沿海的地理位置。相对集中的生活空间带来的是相对集中的消费空间，在相对集中的消费空间中消费文化可以得到更为有效的传播与重塑。

（三）生产方式的改变为消费品的供给带来了诸多变化

机器化大生产的劳动生产率大大高于自然经济中手工生产的劳动效率，生产出来的商品自然也更多，特别是近代一些外来的商品品种，如西装、西餐、咖啡、洋烟、洋酒、洋火、洋皂、洋油等的生产，进一步丰富了人们生活资料的种类。随着公共交通的发展，公共汽车、无轨电车、有轨电

---

① 何一民：《从农业时代到工业时代：中国城市发展研究》，四川出版集团、巴蜀书社，2009，第254页。

② 何一民：《从农业时代到工业时代：中国城市发展研究》，四川出版集团、巴蜀书社，2009，第254页。

车、出租车、自行车、私家车等，人们出行可选择的新的交通工具也十分多元。生产力提高不仅体现在物质生活资料的丰富上，随着外来文化的进入，一些外来的文化产业也为城市居民提供着各种文化产品，如电影、报纸、杂志等。由于商品经济的快速发展，几乎什么都和钱发生关系，各种事物都可以用来赌钱，赛马、跑狗、踢球等都是赌博的新方式。同时，由于城市建设水平的提高，城市管理能力的提高，城市还为居民提供了一些公共休闲的区域，在这些区域内有各种各样的娱乐生活资料的供给。另外，随着西式教育的传入，人们的教育资源供给也比以前更为丰富和多元。

三　新的生活方式带来新的消费文化

新的历史时期有新的阶级构成，也就有了新的生活主体，要理解新的这一时期的消费文化还要从新的阶级力量——工人阶级的消费谈起。"1913年，中国产业工人总数只有约 65 万人，到 1919 年时，这一数字上升为 200多万。"[1] 中国的工人分布非常集中，主要在几个工业发达的通商口岸城市，其中上海又是工人数量最多的城市。"至 1936 年，上海全市产业工人达46.4 万人"[2]，除此之外，还有"20.9 万人的手工业职工，14 万人的苦力工人，26.2 万人的商业金融职员，以及 4.2 万人的科教文卫教职员工"[3]，总计是 111.7 万人。"1949 年解放上海时，上海工人总数为 122.5 万人，约占上海全市人口的 1/4。"[4]

包括各类职员、科教文卫工作者在内的工人阶级这一新兴消费群体，其消费文化有几个特征。一是固定收入带来了稳定的消费能力。工人阶级的收入虽然不高，但是和农业生产收入依靠自然条件不同，工人阶级的收入较为稳定，不会因为自然灾害等而失去收入。1920 年前后，上海工人每月工资大致为 9 元左右，苦力工人和产业工人工资相当，店员、交通运输工人略高一些，中学教员等最高，可以达到每月 100~200 元。抗战期间，特

① 何一民：《从农业时代到工业时代：中国城市发展研究》，四川出版集团、巴蜀书社，2009，第 285 页。
② 宋钻友等：《上海工人生活研究（1843-1949 年）》，上海辞书出版社，2011，第 34 页。
③ 宋钻友等：《上海工人生活研究（1843-1949 年）》，上海辞书出版社，2011，第 34 页。
④ 宋钻友等：《上海工人生活研究（1843-1949 年）》，上海辞书出版社，2011，第 34 页。

别是 1940 年以后，物价上涨速度惊人，工人的名义工资增加，但实际消费能力减弱。在工人阶级的消费结构中，就食品消费而言，"上海工人家庭的食品变化较多，全数计有 340 种，其中粮食仅占 16 种。北平工人家庭的 136 种食品中，粮食及其制品不下 42 种之多"①，"上海工人家庭的食品消费中，米面费占 53.2%，蔬菜占 10.9%，鱼肉蛋乳等占 13.3%"②，就当时消费情况而言，米、面属于主食中较为高档的消费品，可见，工人阶级的消费生活和农民相比有进步。

　　二是不同地域消费能力非均衡化。在工业化初步发展的近代时期，工业发达的城市，其工人阶级消费水平明显高于工业欠发达地区。而工业发达与否主要不是取决于自然经济时期的比较优势，如水路交通要塞、土地资源优越、物产丰沛等，或封建时期的政治地位，如京城、省府等，因此传统意义上的经济发达地区，在近代经济水平却相对落后，人们的生活水平和消费水平也相对较低。根据朱懋澄先生的调查，1926 年上海粗工工人每月支出情况为，食品 11.10 元，衣服 2.13 元，房租 2.78 元，燃料 1.92 元，杂项 3.41 元，其中食品占比为 52%，而精工工人每月支出情况为，食品 15.06 元，衣服 3.94 元，房租 5.02 元，燃料 2.51 元，杂项 9.31 元，其中食品占比为 42%③；就上海和成都工人家庭生活消费相比较而言，"上海工人生活费中食物费所占比例远低于成都工人家庭"④，根据社会学家陶孟和先生的调查，北平 1915 年工人家庭生活消费中，食品、衣服、房屋、燃料灯水等费，约占支出总平均数的 97%，而食品一项，则占 70%⑤。这说明即使是北京这样的传统大都市，在近代工业化的浪潮中，其工人阶级的生活水平也不如上海这一类的沿海工业城市。随着现代火车、海运等交通路径的发展，现代交通的枢纽以及贸易港口城市，成为消费发展迅速的地区。除了上海以外，广州、天津等外贸以及工业发达地区的消费发展都快于内陆其他城市。

---

①　宋钻友等：《上海工人生活研究（1843–1949 年）》，上海辞书出版社，2011，第 77 页。

②　杨西孟：《上海工人生活程度的一个研究》，北平出版社，1930，第 48 页。

③　宋钻友等：《上海工人生活研究（1843–1949 年）》，上海辞书出版社，2011，第 84 页。

④　李映涛：《民国前期内地城市工人生活研究——以成都为例》，《中华文化论坛》2005 年第 4 期。

⑤　李文海等主编《民国时期社会调查丛编（一编）》，福建教育出版社，2014，第 25 页。

　　三是女性消费以及女性消费能力增加。随着近代工业的发展，女性走出家庭，开始进入职业领域。在纺织行业，"纱厂中，粗纺部以 25 岁左右的女工为多，精纺部则以 20 未满 20 岁的女工占绝大多数……缫丝业中女工占绝大多数……卷烟业，叶子车间女工主要在 30~50 岁，锡包车间女工主要在 16~30 岁。"① 除了产业部门以外，商贸行业，尤其是店员职业也是女性从业的重要领域。另外，银行职员、会计、律师、中学教师、大学教授、医生护士、新闻记者等较高层次的职业也开始有女性从业人员。女性工作人员的越来越多，不仅提高了女性的社会地位，还带来了诸多女性消费。"1922 年起，沪上著名的百乐理发店就开始以女子烫发为主要的服务项目"，② 剪发成为当时妇女流行的消费。女子理发的流行还带动了教育行业的投资与消费，上海当时就创办了女子理发学校。其他各项与女性相关的消费也都逐渐形成。如女性生理卫生方面的"卫生布"，"1922 年的妇女杂志上就刊登了'新出改良卫生布'的广告……这种西式经期卫生用品价格不菲，'每盒一元，每打十元'"③。由于中外商贸往来的加强，文化交融也日趋明显，西方工业文明之后出现的"摩登女郎"现象对近代上海等通商口岸的女性影响颇大，不仅在物质消费上有了西式的女性化妆品消费，女性精神产品的消费也逐渐兴起。"摩登女郎"对近代城市女性消费的影响，不仅具有实际消费示范的作用，从某种程度上已经开始具有"符号"和"意义"的象征，即注重个人的"品位""格调"。摩登女郎的形象作为一种"时尚"煽动了当时上层职业女性、知识女性的消费欲望，其本质符合西方资本主义的经济理性，也是消费主义在生活中的重要表现。许多女性正是在这种"时尚"符号和意义的指引下，对摩登女郎进行从头到脚全面的模仿消费。1934 年《申报》刊登了一篇题为《摩登妇女的势力》的文章，从其文章标题就可以知道女性消费，特别是时髦女性的消费在当时社会经济中的地位，报道称，仅 6 月份香水脂粉进口即"合国币十四万四千零四十元"④。摩登女郎不仅具有光鲜靓丽的外在形象，还需要优雅不俗的

①　朱邦兴等：《上海产业与上海职工》，上海人民出版社，1984，第 187、202、575、576 页。
②　江文君：《近代上海职员生活史》，上海辞书出版社，2011，第 108 页。
③　江文君：《近代上海职员生活史》，上海辞书出版社，2011，第 111 页。
④　《摩登妇女的势力》，《申报》1934 年 8 月 7 日。

内在修养，针对女性精神世界的文化产品也得到追捧。如以时尚画报和娱乐新闻为主要内容的《玲珑》杂志针对的消费群体就是城市中的知识女性、职业女性和中产女性，"一九三零年间女学生们几乎人手一册《玲珑》杂志"①。

四是休闲消费的时间相对固定化，空间更为现代化和多样化。在自然经济时代，人们劳动与生活的界限并不十分明晰，以农民为例，虽然要根据四季节令加以耕作，但是每天做多少，什么时候开始，什么时候结束都是相对自由和不固定的。与劳动时间的不固定相关联的就是休闲时间的不固定，人们可以在劳动过程中，随意在田间地头自由的休息。在城镇虽然有坊市、墟、集市、庙会等各种形式的消费场所，但这种消费场所一般都不是连续或者日常的，人们的消费需求要在积累到一定时间后在一个特定的场所加以释放。但是随着近代工业的发展，包括各类职员以及科教文卫工作者在内的工人阶级的生产时间都是相对固定的，因而休闲消费的时间也是相对固定的。对于产业工人而言，其生产时间较长，一般都在 12 个小时以上，但是就整个工人阶级整体而言，已经出现了现代意义上的休息日和假日。这种休息日形式多样，"有的是周日休息；有的是每周休息一日，十天轮休一日；有的每月休息两日；高级职员是周六下午和周日休息"②。假日也有多种情况，有的按照"中国传统节日休假，如端午节、中秋节和农历新年初一至初三"；随后民国政府甚至将节假日制度化和法律化，"1931 年 2 月起施行的《工厂法》规定例假有：1 月 1 日（元旦）、农历新年（3 日）、3 月 12 日（孙中山逝世纪念日）、3 月 29 日（青年节）、5 月 1 日（劳动节）、8 月 27 日（孔子诞辰纪念日）、10 月 10 日（国庆节）、11 月 12 日（孙中山诞辰纪念日），共计 10 日"。③ 据统计，1946 年按照农历例假或法定例假的工厂有 146 家，兼有两种假日的有 46 家，全年假日在 16~20 日的有 26 家。④ 休闲时间的固定化为消费发展带来了极大的推动，

---

① 张爱玲：《谈女人》，香港皇冠出版社，1998，第 84 页。
② 宋钻友等：《上海工人生活研究（1843-1949 年）》，上海辞书出版社，2011，第 67~68 页。
③ 宋钻友等：《上海工人生活研究（1843-1949 年）》，上海辞书出版社，2011，第 68 页。
④ 宋钻友等：《上海工人生活研究（1843-1949 年）》，上海辞书出版社，2011，第 68 页。

特别是对娱乐等休闲产业的消费推动更为明显。工人阶级虽然收入不高，但是长期和先进生产方式和技术接触，培养了人们更多的文化情趣和精神消费需求。在封建社会，休闲娱乐主要是统治阶级成员的消费项目，但是近代以来，随着休闲娱乐场所的多样化，一大批适合底层民众消费的戏院、影院相继兴起。这些场所设备相对简陋，环境较差，但是票价较低，适合产业工人等底层民众的消费需求。俱乐部是近代城市休闲娱乐的重要场所，在城市中不仅有高档豪华的俱乐部，也有各工厂自己开设的企业俱乐部，这类俱乐部的出入者主要为企业的职员，产业工人很少出入，但是一些工会组织也针对产业工人而开设了阅览室、弈棋室等文化休闲场所。换言之，近代消费文化已经在向大众消费迈进。

综上我们可知，从城市萌芽、城市产生到封建城市的兴盛、衰落，消费文化都随着城镇化自身发展的节奏而起伏。从城镇化和消费文化变迁的历史轨迹来看，都符合城镇化对消费文化影响的内在机制。城镇化通过对生产方式及生活方式的影响，进而带来消费品、消费方式、消费观的变迁。回顾历史，在生产方式发生质变的时代，其城镇化、生活方式、消费文化都相应发生大的质的变化，在生产方式量变的过程中，城镇化、生活方式、消费文化也在不断向前推进。就其轨迹的方向而言，城镇化的方向是和生产方式发展的方向一致的，是由传统到现代的逐步递进。消费文化的变迁轨迹则体现了由自然经济向商品经济发展的历史过程，消费的不断升级、消费文化的不断风格化、消费活动的不断大众化，是历史发展的趋势。但是不论是城镇化还是消费文化的历史变迁与发展，都不是线性的，而是有连续、有间断、有发展、有停滞的螺旋上升过程。

第四章
城镇化和消费文化的现实关联

总体而言，我国城镇化发展经历了三个阶段，即 1949～1978 年的缓慢起步阶段，改革开放到 20 世纪末的加速发展阶段以及 21 世纪以来的快速发展阶段。[①] 本书对城镇化第一阶段与消费文化的现实关联部分进行单独论述，而对城镇化第二阶段和第三阶段与消费文化的现实关联部分进行合并论述。

第一节　中华人民共和国成立至改革开放之前的城镇化与消费文化

一　中华人民共和国成立后三十年的城镇化

中华人民共和国成立之前，党的七届二中全会就提出要将中国从落后的农业国建成先进的工业国的思想，党的工作重心也随之由农村转移到城市，1953 年的过渡时期总路线把工业化和社会主义改造结合起来，工业化成为党和国家在当时面临的首要任务。而要实现工业化就必须拥有一批现代意义上的城市，中华人民共和国的城镇化正是在这样的时代背景下进行的。

总结中华人民共和国成立后三十年的城镇化进程，具有三大特征。一

---

① 刘勇：《中国城镇化发展的历程、问题和趋势》，《经济与管理研究》2011 年第 3 期。

是总体低速与阶段波动并存。总体而言这一时期的城镇化速度是较低的，1949 年，中国设立城市 136 个，城镇人口 5765 万人，占全国总人口 54182 万人的比重为 10.64%①；1978 年，中国设市城市 193 个，建制镇 2173 个，城镇人口为 17245 万人，占全国总人口的 17.92%，1949 年至 1978 年，城镇化率年均增长 0.26 个百分点。② 20 世纪 50 年代末的"大跃进"运动，工业生产以较为激进的方式增长，大量农村劳动力成为产业工人，"致使全国城市人口 3 年内增加 3124 万，新设城市 44 个，城市人口比重提高到 19.7%。"③ 随后，由于城市人口增长过于迅速，国家不得不采取压缩城市发展的政策，"1961 年以后，全国陆续撤销了 52 个城市，动员了近 3000 万城镇人口返回农村。"④ 20 世纪 60 年代中期至 70 年代的"上山下乡"运动，城镇人口再次出现大量迁出的情况，而 20 世纪 70 年代后大量"知青"返城又带来城市人口的激增，因此城镇化出现较大波动。

二是城镇化源于工业化的需要，工业化和城镇化密切相关，但城镇化进程并不完全与工业化节奏相适应，工业化和城镇化受宏观调控影响相对较大。一般而言，由自然工业化而引发的城镇化，其城市体系较为平衡，城市首位度指数相对较低，即城市和中小市镇呈现对数正态分布，中小市镇较为发达，而工业化落后的地区其城市首位度指数则相对较高，除了一些省会城市和较大城市以外，当地的市镇较不发达。中国的城镇化虽然也和工业化息息相关，也是为工业化服务，但是由于中国当时的工业化和传统意义上所认为的西方式的工业化并不完全一致，其中处于宏观调控与计划安排类的因素相对较多一些。

三是城市空间的规划与生产注重使用价值功能和意识形态功能。作为社会主义国家的城市，其空间的生产主要是从事使用价值的生产，城市的住房、公共建筑等对其规划和建造的基本目的是出于对其使用价值的消费，由于生产资料的短缺，优先发展生产成为城市功能首要定位，因而，城市的功能主要是生产性城市，而非消费城市，城市遵循的是先生产后生活的

---

① 姜爱林：《城镇化、工业化与信息化协调发展研究》，中国大地出版社，2004，第 66 页。
② 姜爱林：《城镇化、工业化与信息化协调发展研究》，中国大地出版社，2004，第 67 页。
③ 魏后凯：《中西部工业与城市发展》，经济管理出版社，2000，第 173 页。
④ 顾朝林：《中国与城镇体系：历史、现状、展望》，商务印书馆，1992，第 171 页。

逻辑次序。空间生产的使用价值导向性，使得空间生产真正回归到社会主义生产方式的本质属性，空间很少与市场化、商业化挂钩，因而城市的消费也以使用价值消费为主导，符号性消费很少出现。同时，由于社会主义国家建立伊始，空间生产在其规划建设之始就浸透着社会主义元素，在形态上自然要彰显社会主义优越性，因而城市的象征意义十分重要。从城市的空间区划可以看出，城市一般会有政治中心。各个级别城市的政治中心一般都是这座城市地理空间意义上的中心，这里会有诸多宏伟的建筑，会有广场等政治集会的场所，会有大型雕塑、纪念碑等仪式感和象征性极强的城市景观，会有宽阔的马路和街道与城市其他区域相区分。城市和工业化紧密联系，但是工业区一般位于城市的边缘或郊区，国有企业依照其行政等级的高低享有政府无偿划拨的大小不一的专用土地，每个国有企业、事业单位、科教文卫部门都有自己相对独立的单位空间，这些空间区分明显，相互独立，但是其自身又构成一个相对完整的社会系统，很多国有企业都有"办社会"的现象，在一个单位内，学校、菜场、医院、商店等一应俱全。城市的社会分层极不明显，虽然单位不同，但收入大抵相当，住房由国家分配，社区条件基本一致，文娱设施相对较少，文化生活和消费生活略显单一。正是这种空间生产的意识形态性，导致以空间为载体的文化生活和消费生活也处处彰显着社会主义意识形态。消费文化的非市场化特征明显，人们购物的时间、空间、消费对象的质与量一般都不直接由市场决定，由于物质匮乏而产生的票证购物特征则更为直接地体现了消费文化的非市场性。

二　中华人民共和国城镇化对生产方式的影响及由此对消费文化产生的影响

（一）"优先生产"为主要特征的历史时期居民消费水平不高但消费文化积极健康

中华人民共和国成立后，工业化是中国面临的巨大挑战和唯一出路，如何实现工业化成为党和国家领导人首先要考虑的问题。工业化和城镇化在这样的历史背景下有了其特殊的互动关系，即城镇是工业发展的载体，城镇发展的目的并不单纯是活跃商品经济、促进居民消费，也不是传统意义上的体现政治主导功能，而是承载中国的工业化理想。

由于城市发展与生俱来的工业化目的，城市的发展必须为社会主义工业发展而服务，城市从一开始的自身定位就是生产型城市，所以中华人民共和国成立后城镇化的发展也就必然会改变原有城市分布格局。中华人民共和国成立以前，中国的工业基础主要在沿海地区，并且主要是长三角和京津冀地区，如上海、广州、天津等城市，这些城市的工业体系以轻工业为主。"1949 年，全国工业总产值的 77% 集中在占国土面积不到 12% 的东部沿海狭长地带"①，中华人民共和国成立后，由于重工业是以生产资料的生产为核心的，以钢铁、煤炭、化工、机器、原油等为主要产品，这些行业的生产与发展对资源禀赋的需求高于对区位优势的需求，广州、上海、天津等传统工业城市在自然资源禀赋上远不如沈阳、鞍山、抚顺、包头、太原等城市，于是一大批工业城市、资源型城市兴起，改变了原有城市发展的格局。同时，基于对当时国际形势的判断以及国家安全的考虑，从 20 世纪 60 年代中期开始，中国便开展了对"三线"城市的开发与建设，大量重工业和军工企业迁入"三线"地区，加快了西部地区特别是西南地区的城市发展，随着一些新的城市同时也是新的工业中心的崛起，上海、天津等老牌工业基地在中国当时的城市布局中的地位进一步降低。

由于当时中国的工业基础极为薄弱，要想在短期内实现工业化首先就要进行生产资料的生产。毛泽东主席认为"应以有计划有步骤地恢复和发展重工业为重点，例如矿业、钢铁业、动力工业、机器制造业、电器工业和主要化学工业等，以创立国家工业化的基础"②；在党的八大决议中明确指出工业化的目标是"在三个五年计划或者再多一点的时间内，建成一个基本上完整的工业体系"③；毛泽东主席随后进一步把国民经济发展的总方针概括为"以农业为基础，以工业为主导"，而在工业发展上无疑是要优先发展重工业，从而建立一个相对完整的工业体系。需要指出的是，尽管当

---

① 魏心镇：《工业地理学》，北京大学出版社，1982，第 139 页。
② 中共中央文献研究室：《建国以来主要文献选编》第 1 册，中央文献出版社，1992，第 9 页。
③ 中共中央文献研究室：《建国以来主要文献选编》第 9 册，中央文献出版社，1994，第 342 页。

时的政策导向是"先生产后生活""先重工业后轻工业"，但是人们的生活水平与中华人民共和国成立前相比还是得到了极大的改善与提升，同时由于社会整体的风气积极向上，因而消费文化发展的思想基础是先进的、健康的。社会的消费以使用价值消费为主，人们的精神面貌焕然一新、各类旧社会的畸形消费基本覆灭。

（二）所有制结构单一及其非市场化特征致使居民消费生活相对均等化

城镇化的发展，特别是一批重工业城市和资源型城市的兴起，为中华人民共和国的工业化奠定了基础，而工业化的迅速发展又为社会主义改造的实现做好了物质准备。由于工业城市的各项生产和服务都以公有制为主，为三大改造的顺利完成打下了坚实的经济基础。三大改造完成以后，"全民所有制经济的比重由1952年的19.1%上升到1956年的32.2%，集体所有制经济的比重由1952年的1.5%上升到1956年的53.4%，公私合营的混合所有制经济由0.7%上升到7.3%，而私有制经济的比重则由78.7%下降到了7.2%以下"[①]。1956年以后，中央根据第一个五年计划实施的经验提出工业发展要中央与地方同时发展、大企业和中小企业同时并举的方针。随后全党各级政府都办工业，"大而全""小而全"的地方工业体系开始建立，从经济发展的客观规律来看，这种做法不完全符合当时的实际，给当时的社会生产带来了或多或少的影响，造成了某种程度的资源浪费，部分地影响了当时农业生产的正常进行，但是从城镇化发展的角度来看，各级县、乡甚至生产队办工业，一大批小型加工、制造企业的兴办，对于加快城镇化的进程和消除城乡差别而言是有利的。

从城镇化的过程来看，城镇化实质上就是农村逐渐城镇化的过程，农村劳动力不断向城市输出的过程，农村人口生活方式不断城市化或现代化的过程。因此，农村在城镇化的过程中，整个社会的经济结构、人口结构、劳动力结构、消费结构都会发生深刻的变化，然而具体到城镇化对生产方式的改变，除了上述所讲的生产关系或是生产资料所有制的变化外，产业结构的改变也是一个重要的体现。由于各产业其生产目的、生产资料结构、劳动资料结构、生产组织管理形式等都各有特点，因此，产业结构发生变化也可以体

---

① 郭绪印：《新编中国现代史》，上海人民出版社，1996，第158页。

现出生产方式上的变革。在漫长的封建社会中，农业一直是占中国经济结构或产业结构的主体，可以说中国的产业结构变化是不明显的，即使是在现代工业粗具规模的近代，也依然如此。"1914 年时我国农业产值占全部国民生产的比重为 68.22%，与 1887 年比较起来，27 年间只下降了 1.4 个百分点"①。1952 年中国在恢复社会生产条件后，开始着手进行大规模的工业化建设和社会主义改造进程，中国工业化色彩浓厚的城镇化建设也从这个时候开始发展。20 世纪 70 年代，西南"三线"城市迅速发展，由于这些地区的地理位置和自然资源禀赋，"三线"城市工业以资源型工业为主，主要表现为电力、煤炭、石油等行业发展较快，而第三产业如商业、服务业等进一步萎缩，"1975 年，第三产业劳动力占全部劳动力的比重由 1965 年的 10% 下降为 9.3%。出现了全国性的购物难、出行难和在外就餐难的现象。"②

因此，居民的消费生活某种程度上被排斥在商业化和市场化之外，居民消费生活的水平也并未完全与工业化水平相一致。社会的整体消费生活与票证挂钩，消费生活含有配给制因素，并未完全体现消费者自身的消费意愿和市场需求。消费品的价格也并不完全反映市场需求，消费生活呈现出均等化、单一化特征。同时，城乡消费二元特征相对突出，户籍制度、"剪刀差"的共农产品交换体制一定程度上强化了城乡消费的二元对立。从消费结构来看，消费结构由需求结构和供给结构共同作用而决定。城乡居民的需求结构和供给结构基本由政府计划完成，而国家计划的需求信息采集并不需要直接和个人发生作用，而是由集体将个人的需要集中起来，形成一个集体的需要，国家只需要满足集体的需要则个人的需要自然就能得以实现，从理论上讲，这大量节约了信息收集的交易成本，但是从实际效果来讲，可能会使消费者的自主选择权受到一定程度的限制。当然这也是短缺经济所必需的配套政策手段，因为只有从需求结构上加以控制才能有效地完成供给结构的计划。特别是在人民公社阶段，集体生产、集体消费已经几乎成为当时人们日常消费活动全部内容。供给、需求结构大致都由政府计划决定，从而决定人们的消费结构。

---

① 邳秀丽：《简析中国近代产业结构的变化》，《文教资料》2009 年 10 月号（下旬刊），第 97 页。
② 李平：《建国 50 年来我国产业结构调整分析》，《教学与研究》1999 年第 8 期，第 7 页。

三 新的生产方式带来新的生活方式及消费文化

（一）生活主体流动管理与生活方式均质化

三大改造完成以后，中国进入社会主义历史时期，社会主义生产方式决定下的生活方式，和以往任何时期的生活方式相比都有质的不同，是新质的生活方式。从生活主体来看，城乡生活主体的组织形式发生了质的变化，这种组织形式的新变化也给生活方式的时空要素带来了新的特征。中华人民共和国成立后，当时的城镇化是为工业发展，特别是重工业发展服务的，相对于轻工业和服务业而言，重工业对劳动力的需求更少，而对资本的需求则更多。因此，如何控制好城乡人口的流动以及如何将农业生产的收入外溢至重工业便成为一个急需解决的问题。户籍制度在这样的时代背景下应运而生。户籍制度通过对个人城乡身份的严格管控来实现国家对个人的组织和管理。在乡村，人民公社是对农民进行有效管理的组织形式和平台，在城市，各级单位是对城市居民进行管理的组织形式和平台。在农村，虽然名义上是集体所有制为主体，但是和 1956 年之前的农村合作社还有所不同，人民公社在生产关系上更具有全民所有制的性质，在组织形式上也比农村经济合作社更为紧密，因而对农民的身份"锁定"是极为严格和成功的，而这种严格的"锁定"其目的便是可以让国家更好地实施其"计划"，为计划经济的顺利实施提供条件。在城市，整个国家就像一个大的工厂，每一个单位是一个车间，城市居民在享受户籍制度带来的种种福利的同时，也通过各种单位被固定在计划的时空之内。当然，在计划经济时期也有城乡人口的流动，也存在农村的城镇化发展倾向，如 19 世纪 70 年代在国家提出的"多搞小城镇，控制大城市规模"思想指导下，城镇化得到过很大程度的发展。特别是当国家在某一地区、某一领域的生产有特别需要时，人口的流动就具有合理性和合法性了。在当时生产方式和生产条件下，工人和工人之间，农民和农民之间的受益大体是相当的，这种大体相当的受益并不局限于某一个地区，而是全国一盘棋，换言之，上海的技术工人和兰州的技术工人的受益并无太大差别。在受益没有太大差异的情况下，政府对各地劳动力的调动便更为可行，对全国生产要素的流动和配置进行管理也成为可能。计划经济时代下虽然个体的自主性在很大程度上受到了限制，但由于其计划经济的社会主义制度优越性，社会主义生产目的和以往任何时期的生产目的都不同，从理论上讲，国家生产的目的就是满足人们的需要，而非出于"剩余价值或资本的逻辑"，人们与国家的利益在根本上是一致的。同时，消除城乡、工农、脑力劳动和体力劳动的三大差别成为社会的共同理想，再加上社会主义意识形态的宣传与教育，使得"统一性"便成为当时人们生活方式的另一个重要特点。因而，新式的生活方式在质上的纵向相比中，较以往有根本的不同，而在形式上的横向相比中，全国城乡居民在生活方式上大体是一致的。

（二）中华人民共和国成立后居民的消费生活及消费文化

从食物结构来看，"1952 年全国人均粮食消费量为 395 斤，其中城镇为481 斤，农村为 383 斤"[1]，粮食人均消费长期处于较低水平，"1977 年我国南方产稻区每人每年分配不足 400 斤的生产队占总数的 20% 左右。"[2] 副食的消费和国外相比也处于较低水平，"我国人均的植物油年消费量 1952 年为 4.17 斤，1978 年为 3.2 斤（1977 年苏联为 15.8 斤，保加利亚为 29斤）。"[3] 从整个食物结构来看，主要是粮食消费量大，其他副食品消费量很小。在穿着方面，消费品供给十分单一，主要是棉布制品的衣着消费，"棉布以外的其他穿着，1978 年每人平均消费尚不足 1 件。"[4] 当然，棉制品的质量在不断提升，"1957 年价格低廉的纯棉布占 66.3%，1965 年占 62.4%，到 1978 年已降至 36.4%。"[5] 从日用消费品来看，由于日用消费品的生产长年维持在较为固定的比重，"日用消费品在整个社会消费品零售额中的比重1952 年为 21.9%，1965 年为 20.8%，1978 年为 21.8%"[6]，因而也没有太大变化。从住的情况来看，"1978 年，根据对我国 182 个城市的统计，平均每人居住面积为 3.6 平方米（1970 年苏联是 12 平方米，日本是 14 平方米，美国是 18 平方米），182 个城市中缺房户占总户数的 38.6%。"[7]

---

[1] 刘方棫：《消费经济学概论》，贵州人民出版社，1984，第 47 页。
[2] 刘方棫：《消费经济学概论》，贵州人民出版社，1984，第 47 页。
[3] 刘方棫：《消费经济学概论》，贵州人民出版社，1984，第 47 页。
[4] 刘方棫：《消费经济学概论》，贵州人民出版社，1984，第 48 页。
[5] 尹世杰：《社会主义消费经济学》，上海人民出版社，1983，第 132 页。
[6] 刘方棫：《消费经济学概论》，贵州人民出版社，1984，第 48 页。
[7] 刘方棫：《消费经济学概论》，贵州人民出版社，1984，第 48 页。

　　从消费方式来看，如前所述，生活方式在中华人民共和国成立后几十年内城乡居民呈现"一致性"，而由此决定的消费方式、消费结构、消费观念等也具有"同质性"。就消费方式的主体而言，消费者缺乏其应有的消费选择权，消费者的消费倾向得不到有效满足，消费水平较低，消费者是被动的、消极的。中华人民共和国成立以来，由于推行大规模经济建设，农村经济主要是为城市工业发展提供支持，重工业优先发展背景下的城镇化进程，并没有真正解决城市人口的生活、就业和消费问题，几次大的人口迁徙或"反城市化"运动就是城市对超过承载能力的城市人口的卸载，然而严格的户籍制度还是没有完全解决城市人口的消费问题。国家对粮食的收购与销售出现巨大的差额，这时一项应急政策"统购统销"措施便得以实施。"统购统销"政策源于陈云同志所领导的"中央财政经济委员会"针对粮食差额问题提出的"又征又配"方案，即对农村进行粮食征购，对城市进行粮食配给，之后其适用范围不断扩大，从最初的粮食，到食用油、棉花等农副产品，最终扩展到百余种生活用品，这些生活用品凭票供应、定量配给，消费者的消费方式呈现全国性的"同质性"。城乡居民在凭票供应的商品之外，通过市场交换获取的生活资料量少价高，规模有限。由于粮票、布票等票制按月供应或按季度供应，因此人们的消费便呈现出即期消费的特征，很难出现跨时消费、提前消费等现象，当然作为消费者，也不用承担市场交换带来的交易成本或其他不确定性带来的风险。从消费的类型来看，可分为个人消费和集体消费。对于城市居民而言，住房、养老、医疗等既可以算作福利消费，也可以算作集体消费，当然，集体消费远不止于此，各种公共产品诸如教育、卫生、新闻、邮电等，甚至理发、旅馆等服务都可以算作是集体消费。对于农村而言，集体消费也呈现增高的趋势，特别是在人民公社时期，村民共同劳动共同消费，吃饭在食堂，改变了农民的生活时间，节约了农民单个家庭生火做饭的时间，个人生活时间社会化，个人消费的社会组织形式发生变化，个人消费也逐渐社会化。但是由于当时的城镇化并没有解决城乡二元结构的矛盾，因而在消费方式上，城乡在质上是一致的，但是在形式上的差别还是存在的。

　　在"短缺"和"重积累"共同作用下，"崇尚节俭、量入为出"成为当时消费观念的基本概括。中华人民共和国是在百废待兴、一穷二白的基础上建立起来的，以毛泽东同志为核心的第一代领导集体，从战争时期开始就崇尚节俭。毛泽东同志曾指出"节省每一个铜板为着战争和革命事业，为着我们的经济建设，是我们的会计制度的原则"①，在七届二中全会上，毛泽东同志对全党同志提出"两个务必"的要求，警示党员干部要继续保持艰苦奋斗的作风。1955年毛泽东同志再次强调"节约是社会主义经济的基本原则之一"②，"要使我国富强起来，需要几十年艰苦奋斗的时间，其中包括厉行节约、反对浪费这样一个勤俭建国的方针"③。可以说，崇尚节俭的消费观念是当时主流意识形态的要求，也是当时社会风气的集中体现。当然，崇尚节俭除了是中华民族的传统道德要求之外，当时的经济条件和社会生产力水平也是社会消费呈现节俭之风的"硬约束"，人们只能压抑自己的消费需求，降低自己的消费水平。

综上我们可知，中华人民共和国成立后的30年的消费文化整体上是健康的、向上的，是注重使用价值和崇尚社会节俭的，在30年的消费文化变迁过程中，其变迁的动因和轨迹也是和城镇化息息相关的。当然，这里需要指出的是，由于特定历史时期社会条件的特殊性，这一时期消费文化的变迁并未完全体现城镇化发展在逻辑上的必然，其消费文化中所体现的"计划性"更多的是基于当时基本国情而制定的国家各项制度、政策的体现。从客观条件来看，当时制定先积累后消费，重生产轻消费的政策是符合当时的国情和历史阶段特征的，在其政策指导下所建立起来的现代工业体系为中华人民共和国的建设和未来的改革开放奠定了稳固的物质基础，其政策虽有失误和偏颇，但是从长远来看，其政策红利也还是应当给予肯定的。同时，我们也应看到，长期以来，消费者相对缺乏选择权，消费者的多样化需求被简单划一，消费风格同质化，居民的消费欲望长期受到压抑，消费对生产的反作用没有得到很好的体现，消费并没有成为生产真正的目的，生产和消费的关系在一定程度上出现了异化，消费对生产的促进作用没有发挥，不利于社会生产的全面健康发展，因此缺乏可持续性。城乡二元结构在这一时期表现较为突出，这种二元结构已超出了城乡经济发

---

① 《毛泽东选集》第1卷，人民出版社，1991，第134页。
② 《毛泽东选集》第5卷，人民出版社，1977，第470页。
③ 《毛泽东选集》第5卷，人民出版社，1977，第399~400页。

展自身条件不同所带来的差距，而是更大程度上来源于人为的城乡隔离。城镇化、工业化，生产方式、生活方式、消费文化的互动互联以及矛盾运动在这一时期受到外力的干扰，这为今后的纠正提出了必要性和可能性。新型城镇化和消费文化的矛盾运动在新的历史时期到来之前就开始孕育，并在新的社会建设中得以实践和发展。

第二节　改革开放以来的城镇化对生产方式的重构及"消费社会"的勃兴

中华人民共和国成立后的三十年，其城镇化、工业化，生产方式、生活方式、消费文化都受到计划经济体制的影响和制约，"计划"和"集中"体现在上述领域的各个方面。1978 年以后的改革，以经济体制改革为重点，以政治体制改革为难点，其性质是社会主义制度的自我完善。改革的一个重要特征就是"转型"①，所以也有部分学者将改革开放以来的时期称为"转型时期"。改革开放或称转型时期的城镇化与消费文化的互动关系当然要遵从如前所述的一般规律，但改革开放时期社会发展自身有其特殊性，这个特殊性用一个词来概括即"重构"。因而要讨论改革开放时期的城镇化对消费文化变迁的影响机制，其逻辑表述应为：城镇化重构的两个层次，即地理空间城镇化重构（包括城镇体系与城镇发展格局等的重构）和人口城镇化重构（劳动力城镇化和消费者城镇化），带来生产方式（包括经济体制、所有制结构、劳动力结构、产业结构等一系列要素）的重构，和生活方式的重构，进而推动消费文化的变迁。

一　改革开放以来城市空间生产及生产方式的重构

（一）城市空间的生产与重塑

改革开放时期城市空间及城市体系的重构是在工业化、信息化、市场

---

① 转型最初的内涵相对狭窄，仅指计划经济体制向市场经济体制的转变，但如果要对转型这一过程进行更为完整的理解，其应该是整个社会的结构、形态及运行模式的调整与转变过程，因此，其对社会的影响也是全面的，而并非仅限经济体制意义。

化、全球化共同作用下形成的。城市空间的重构是纷繁复杂的，可以体现在诸多方面，但与本书主题消费文化变迁相关的空间重构其特征主要在以下几个方面。

1. 空间生产的交换价值导向增强

改革开放以来，中国进入了快速城镇化的进程之中，然而在这种快速发展的背后，却有着一只"看不见的手"在发挥作用，这只"看不见的手"一般意义上的理解是市场，但是更为本质的理解是资本。随着全球化的不断深入，中国的城镇化以及城镇空间的生产，在某种程度上也融入了全球资本循环之中，一定意义上受到全球资本的干扰，在这种背景之下，计划经济时代"使用价值"优先的空间生产原则开始让位于"交换价值"优先的市场原则。20世纪90年代以来，从某种意义上讲，中国的城镇化实际上进入了一个"资本主导"城镇化的过程，在这个过程中大量的"不动产"即房屋、土地、建筑等，逐渐被"动产化"即与商品交换、金融资产联系在一起，成为"可流动的"财富。从本质上讲，这是资本与空间生产的相互结合而带来的空间资本化和商品化。城市的规划、建设、拆迁、重塑，都或多或少地和资本的逻辑联系起来，成为为资本牟利的工具。

造成这种现象的原因，一方面是由于改革开放以来城市空间的开放性增强。计划经济体制下，城市的中心是政治中心，城市的形象是社会主义意识形态的表征，城市的发展是自上而下计划政策的执行与体现。而在市场经济体制下，生产要素在全球范围内以市场的方式来进行配置，城市空间是全球化作用下的空间，城市作为高新科技、人才、管理、物流的集中地，体现出很强的全球性，城市空间中最宏伟的建筑也不仅仅是政治集会的场所或是仪式感和象征意义很强的城市景观，还包括全球化意义和功能的场馆，如亚运村、奥运村、世博园等。另一方面则是资本无限扩大生产以及向外输出的本性所导致，即按照资本的逻辑，资本总是通过腐蚀和毁坏资本主义以外的一切"非资本主义"形态而实现其自身的积累与转移。由于空间生产和金融投机、商品交易联系在一起，空间生产不再是国民经济的一个独立的或简单的部门，而是出于财富流动和增值的中心地位。而这种空间生产的"交换价值"导向，直接会对人们的生活空间、生活方式、消费文化产生重要的影响，人们的生活中的时空都是以交换为目的而存在，金钱、资本成为拥有和控制这些资源的重要手段，因此，会对消费文化的健康发展产生极为严重的侵蚀作用，消费文化一定程度上朝着拜金主义迈进。

2. 空间生产与重构的信息化、市场化特征明显

20世纪90年代产业技术上最重要的变革莫过于信息革命。信息化成为影响工业化、市场化、城镇化的重要因素，对城市空间与城市功能的重构而言，信息化也起了十分重要的作用。进入信息化时代后，城市的空间组合方式发生巨大改变。传统城市在空间组合方式上是生产空间和生活空间紧密结合且模式固定的。特别是在计划经济时期的城市，由于工业化的要求，城市的生产功能极为重要，工业发展的主体主要是国有企业，国有企业在城市空间布局上的生产和生活功能呈现固定化、集中化、封闭化、独立化特征。国有企业在城市空间中的占有量是固定的，国有企业间的空间布局是相对集中的，每个国有企业都是一个小型社会，可以封闭、独立地运行。而在信息化时代，城市空间在生产领域内以分散化代替聚集化，城市空间在组合形式上更为灵活。在信息时代下，城市改变以往重工业企业主导的企业格局，许多大型国有企业迁出城市主体区域，代之以大量小型、轻型、清洁、高新技术等为特征的中小企业为主体。这些企业小而灵活，企业的生产和市民的生活可以邻近布局，城市空间各种功能的兼容性大大增强，城市由封闭、独立的企业空间相加变成开放、多元、兼容的空间相容，城市空间由圈层式（环形构造）向网络化结构转变。传统城市空间的区位差异在网络城市空间中体现地愈来愈弱，土地利用效率与模式发生了重大改变。城市在空间上成为多个多功能社区的网络化连接点，不同社区、不同功能的网络化融合为新的生活方式和消费方式的形成奠定了基础。

计划经济时代城市的规划与发展的动力来自于自上而下的政府安排，在市场经济条件下，市场化成为城市发展的动力源泉，因而对城市空间重构甚至对城镇化都具有重要影响。首先，市场改变城市发展各种要素的配置方式。和以往资源配置方式不同，在市场经济条件下，城市发展所需的各种要素，其流动与组合的机制、范围、层次都发生了根本变化。由于城市发展要素的流动性增强，组合也更为灵活、高效，因而城市发展的规模也日益扩张，城市发展的质量也迅速提高。其次，市场化改变中央和地方

的关系，有利于地方政府对城市发展的推动。从 20 世纪 80 年代起，在市场化作用的推动下，分权、分税等一系列制度安排上的变革，扩大了地方政府的自主权，地方政府有能力、有兴趣、有可能对城市进行经营，使计划型城市向发展型城市转变，地方政府以企业的方式经营城市、发展城市，推动了城镇化的进程。最后，市场化改变了土地使用制度。计划经济时代，城市土地使用采取划拨的形式，许多国有企业圈地过大，从而造成城市用地的浪费，而市场化进程中，土地作为城市发展的重要因素，开始有偿使用，这大大提升了城市用地的效率，为城市由粗放型发展向集约型发展转变提供条件。

3. 改革开放以来城镇体系的重构

改革开放时期城市的发展格局主要依据其在市场资源配置中所处的地位来决定。计划经济时期的"三线"城市、西北和东北的工业城市在市场化的城市格局中地位不断降低。由于市场成为资源配置中决定因素，所以城市发展的层次和其市场化的程度是紧密相连的，中国城市也开始出现新的体系和层次。一些沿海城市如上海、广州、深圳、天津、青岛、厦门等，在城市体系中的地位愈来愈重要。城市出现新的"一线""二线""三线"之分，只是区分的依据不再是以军事意义以及国家安全角度为主，而是城市的规模、市场经济中的地位、作用等为主。城市发展也不再是孤立地进行，各种规模的城市群悄然而生，为区域经济发展和消费提升提供很好的基础和条件。随着农村城镇化的进程加快，一大批富有产业特色和资源优势的小城镇迅速崛起，特别是毗邻或隶属于大城市的小城镇在其规划、发展上更是有得天独厚的优势。小城镇的发展对城镇化的贡献率超过大城市对城镇化的贡献率。发展乡镇企业成为中国农村、农民城镇化的现实选择，也改变了中国的城镇体系格局，为中国全面小康社会的建成发挥重要作用，也为中国消费水平的全面提升，消费结构的全面升级提供了基本条件。

（二）改革开放以来的城镇化对生产方式的重构

改革开放以来的城镇化对生产方式的重构是深刻而全面的，从广义生产方式的理解来看，主要涵盖了经济体制的变革、所有制结构的调整、产业结构的升级和劳动力流动的转变等。为了便于对应改革开放时期城镇化这一概念，我们姑且将计划经济时期的城镇化称为传统城镇化。

1. 改革开放以来的城镇化推动经济体制变革

改革开放时期的城镇化，城市开始发展符合自身优势和资源禀赋条件的产业，并不要求在产业发展、部门行业门类上的面面俱到，因而，生产的社会协同加强，客观上有利于推动生产的社会化程度提高，而生产的社会化程度提高必然导致生产要素的全社会流动，这就为市场机制发挥作用做好准备。不仅于此，传统城镇化虽然城乡二元结构突出，但是城市内部差异较小，城市分层不明显，平均主义色彩浓厚，而改革开放时期的城镇化，城镇与城镇之间的分化开始加大，城镇内部的分化也逐渐明显，城市内部的社区分布、结构、形态、管理都体现出差异性，城市的分化为产业结构的梯度转移提供可能性。这一切都将推动经济体制的转型，同时资源配置的方式从计划走向市场。而这一转变不仅可以使消费对象更加丰富和多元、更加符合消费者的需求，还可以直接改变消费者的消费方式，消费者可以通过更多的市场化、商业化的方式来满足自己的消费需求，更为重要的是，市场导向的经济体制改革对于消费观念的影响极为深远，"交换"成为消费真正意义上的前提，人与人之间的关系也在这种"交换"过程中开始有了某种疏离，人与人的关系某种程度上成为用物与物的交换来衡量物化关系。

2. 改革开放以来的城镇化推动所有制结构调整

非公经济的发展对活跃消费市场，满足消费者多元、个性化的需求有直接的促进作用。作为经济体制转型的核心内容，城镇化对所有制结构的调整也有重要影响。改革开放之前，我国的所有制结构的绝对主体是公有制经济，1975 年在我国工业总产值中，全民所有制工业占 81.1%，集体所有制工业占 18.9%；在社会商品零售总额中，全民所有制商业占 55.7%，集体所有制商业占 42.2%，个体商业仅占 0.1%。[①] 但是，高度集中的经济体制和纯而又纯的所有制结构并没有给中国经济和社会民生带来能体现社会主义优越性的现实落脚点，随后的改革转型过程中，虽然发端于农民自下而上的改革实践，但是不可否认的是城镇化在所有制结构调整和转型过程中扮演着重要角色。

---

① 郭飞：《深化中国所有制改革的若干思考》，《中国社会科学》2008 年第 3 期，第 53 页。

城镇化有利于活跃非公有制经济的发展。中国虽然在 20 世纪 80 年代就开启了改革的进程，所有制结构改革也在经济改革之列，但是由于中华人民共和国成立后三十年经济结构的历史惯性以及经济发展的路径依赖，非公经济的发展面临种种障碍。而城镇化的发展，正是解决这一问题的有力推手。农村经济虽然是集体经济属于公有制经济，但是其程度、纯度和全民所有制相比相对较弱，因而成为公有制经中最薄弱的环节。因此，农村城镇化是突破传统城镇化的最佳突破口。农村城镇化凸显市场的作用，改变所有制结构。城镇化需要农村劳动力不断转移到城市，农村劳动力进城后很重要的一个生产方式是进行个体经营，个体经济是劳动者的私有制，属于非公有制中层次较低的一种生产关系；私营经济和外商经济是资本主义私有制明显的所有制，它们一个是国内资本主义私有制，另一个是国外资本主义私有制。许多学者提出中国的二元经济具有"双重二元"的性质，一种是城乡二元经济，另一种是城市内部的"国有"与"非国有"经济。可以说，传统经济结构有其特殊的均衡，改革开放时期要打破这种均衡不仅需要内生要素的变革，也需要外力的帮助。城镇化需要大量资金，国外资本的直接投资或资本流入都为传统所有制结构均衡的打破提供了外力支持。而国外资本的进入，不只是为中国经济的发展注入了所需的资本，而且将其资本所携带的意识形态、价值观念和消费文化也带进了中国社会的内部。中国的消费文化开始和西方消费文化产生碰撞和融合，在资本的强势主导下，中国传统的消费文化出现了逐渐和西方消费文化接轨的现象。西方的生活方式以及消费方式也获得了越来越多的年轻人的青睐，消费文化的"物性"特征逐渐增强。

3. 改革开放以来的城镇化推动产业结构升级

城镇化和产业结构调整升级密切相关，但是对于此种关系的解读，学术界存在两种线索，一是单向的线性关系模式，主要观点是经济增长推动经济结构转型，再推动产业结构调整，进而带来就业结构变化，最终促进城镇化发展。换言之，产业结构调整是因，城镇化发展是必然结果。也可以将工业化和城镇化理解为结构调整的两个方面，一方面资本、土地、技术、劳动等生产要素及产品的起点和终点由农业向非农业转变，这一过程主要体现为工业化；另一方面是农业人口向非农业人口转变，农民向市民转变，即城镇化的过程。工业化主要体现在生产力纵向的发展，产业结构调整是工业化的必经之路，也是结构调整最实质的内容；而城镇化是生产要素在空间分布上的调整，是生产力横向布局变化的最直接体现，也是结构转型的重要组成部分，但是就工业化和城镇化二者的次序而言，工业化是主导，正是因为工业的发展，才推动了经济的发展和城镇的进步，工业化是城镇化的动力来源，城镇化是工业化的产物或者说伴生产品。二是双向的互动关系模式，城镇作为经济发展的增长极催生聚焦经济的产生，聚焦经济理论是这一关系模式的理论基础。"聚集经济"将空间作为一个重要的分析元素，认为生产要素在不同空间的不同组合形式会带来不同的增长模式，而生产要素在空间上的集中本身就能带来经济的增长。因为聚集是产业和时空界限互动制约的结果，可以带来外部经济。具体路径有很多种，比如企业、厂商的聚集带来生产效益的提升和产业关联的加强以及运输成本的降低等，由此带来各企业从业者的收入提升，收入提升带来消费力的增强和对消费品需求的增加，同时日益增长的收入会吸引更多的企业和劳动者向这一空间聚集，从而进一步巩固和加强其聚集效益。因此，双向互动关系模式虽为互动，但从倾向上来看则更为强调的是城镇发展对产业结构升级的推动作用。城镇化对于产业结构演进、升级的具体影响可作如下归纳。

首先，城镇化给各产业内部结构转型带来新影响。就农业发展而言，农业、农村、农民问题的解决思路不在农村内部，关键在于城镇化。农民问题是"三农"问题的核心，而农民问题最直接的表现又是农民增收缓慢。城镇化促使大量农村剩余劳动力向城镇转移，一方面可以让农村剩下的农民有更多的第一产业发展的空间；另一方面，由于城镇人口的增加也增加了对农产品的市场需求，并且城镇人口对农产品的需求结构高于农民对农产品的需求结构，这就为农业现代化、农业产业化及提高农业产业效率提供了必要性和可能性。对于第二产业来说，城镇化当然也推动第二产业的发展。计划经济时期城镇化就能体现这一点，传统城镇化的布局促进了重工业的发展，促进了第二产业布局的扩展。改革开放时期的城镇化更是如此，城镇化不是对工业化的被动反应，而是在很多方面给予工业化切实的推动作用，比如城镇化的基础设施建设，不仅带动工业自身的发展，而且良好的基础设施又促进工业进一步发展，经济进一步聚集的坚实基础；城镇化还可以带来更为广阔的产品销售市场和更为丰富、高层的人力资源，有利于吸引外来资本、技术和先进管理经验等生产要素的投入，对第二产业发展具有极大的推动力，同时，由于城镇化的不断发展升级，市场对工业产品的需求结构也在升级，工业技术、生产规模、生产社会化程度都在不断提升，促进第二产业内部结构的变换与自我实力的提升。对于第三产业而言，改革开放以来的城镇化对产业影响最大的莫过于第三产业。城镇化不但在量上提高了第三产业在整个国民经济中的比重，还对第三产业质的提升带来强劲的推动力。特别是当前的城镇化是工业化、市场化、信息化与城镇化的互动，服务业在这一背景下，一方面继续秉承对第一产业、第二产业的服务功能，另一方面也是服务业成为一个独立的产业体系开始了自我发展、自我提升的循环演进过程。

其次，城镇化给产业结构调整带来新动力。产业结构调整的实质是各产业比重的变化并由此带来要素配置的变换。城镇化是一个供给和需求同步扩张的过程，城镇化为产业结构的演进提供很多条件，当然产业结构的演进也进一步推动城镇化向更高阶段发展，如此循环。从最一般的经济学意义来看，产业结构调整与升级的根本动力是自身技术的进步，城镇化虽没有明显地提高生产力发展的水平，但是城镇化为产业发展提供了市场需求、要素供给等基本条件。中国传统城镇化虽然也推动了产业结构的演进，主要表现为产业结构由第一产业为主导向第二产业为主导的结构调整，但是其推动力主要来自政府的集权，而非市场机制的作用，城镇化为产业结构演进所提供市场需求和要素配给是不全面和非均衡的，所以在传统城镇化背景下的产业结构调整是不彻底的，其并没有完成产业结构演进的整个历程，产业结构终止在以第二产业为主的工业化初期结构特征之下。改革开放以来的城镇化发展，为工业化提供了大量农村剩余劳动力，农村劳动力在城市中工作的收入普遍高于农村，因而增强了中国消费品市场的整体购买力，进而推动了需求结构的提升以及产业结构的提升。劳动力进城后在产业选择上又进行多次的调整，最终发现服务业带来的收益更高，且从事更为轻松、行业前景更为光明，因而服务业吸引了更多的劳动力，服务业在产业结构中的比重进一步提升。

最后，城市空间更有利于创新活动的开展。从空间聚集和服务水平来看，城市空间更有利于创新的开展。空间集聚有利于形成规模报酬递增效应，特别是在信息化时代，城市空间、城乡空间都由过去的条块状态向网格状态转变，在网格状态中，知识、信息的外溢效应更为明显，同时企业间的交易成本更低，这都将为创新活动提供很好的平台环境。同时，由于企业生产的社会化程度不断提高，企业、行业之间的分工越来越细，分工的细致不仅带来各微观领域的知识积累越来越快、越来越多、越来越深，而且分工之后对不同行业协调要求加强，行业间、产业间的互动加强，这些都将极大地推动技术的革新与进步，从而成为产业结构演进的根本动力。

4. 改革开放以来的城镇化加快劳动力的流动

劳动力从农村向城市转移，从农业向非农产业转移是城镇化的一般规律，劳动力转移与城镇化互为因果、相互推动。在计划经济体制下，城乡分割造成农村大量剩余劳动力的闲置、浪费和城市隐性失业并存的现象，既不利于充分释放人力资源红利，也不利于城镇自身承载的减负。发展经济学、人口经济学等均认为放开劳动力的流动限制对于经济发展极为有利。改革开放以来的城镇化为劳动力流动限制的减少提供了可能。

一般认为，劳动力流动的实现来自于"推力"和"拉力"两个方面的共同作用，所谓"推力"是指劳动力所在环境在释放劳动力方面的因素，比如劳动力在目前所处环境中不能很好地体现自身价值、对目前居住环境不满意、认为当前收入不理想等，都是劳动力向外流动的"推力"。就中国二元经济现状而言，城乡在就业、生活、教育、医疗、养老等诸多方面都存在巨大的鸿沟，农民向往城市生活、对农村生存发展环境不满的"推力"一直存在，并十分强劲，再加上传统户籍制度的限制，农村劳动力一直处于相对过剩的状态之中，使得这种向外流动的推力条件不仅是主观上的意愿，而且也具有客观现实的需要。而所谓"拉力"就是城镇作为劳动力流动的目的地对于劳动力的吸引力和吸收能力。对于中国劳动力流动的状况而言，拉力才是解决劳动力流动的关键所在。传统城镇化背景下，城镇对劳动力的拉力作用有限。一是因为城镇自身发展规模受到计划的限制和制约，所需劳动力的数量、结构、供给都不由市场机制来决定，而是由政府来计划，在这种条件下，城镇在吸引劳动力这一方面显得十分被动。二是因为城镇的所有制结构和就业体制限制了城镇对农村劳动力的需求。城镇所有制结构中的绝对主体是公有制企业，其就业的方向基本是国有企业和集体企业，这些企业要承载中国多方面汇集的劳动力洪流，如大学生、转业军人、返城知青等，可以说公有制企业对于农村剩余劳动力几乎没有太多的雇用需求，其对农村劳动力的流动来说基本处于封闭状态，根本无力满足农村劳动力的就业需求。改革开放之后的城镇化是在市场经济体制下运作的城镇化，城镇化不仅推动了经济体制的转型，还推动了所有制结构的调整，公有制经济的比重逐渐降低，大量的非公经济迅速发展，特别是个体经济和私营经济的发展对农村劳动力的拉力最为明显。据统计，20 世纪 80 年代和 90 年代，乡镇企业是农村剩余劳动力的主要吸纳部门，但是伴随着乡镇企业的衰落，乡镇企业对农村剩余劳动力的吸纳不断减弱。[1] 之后，农村劳动力主要流向乡镇企业部门、城镇民营经济部门。[2] 因而，城镇所有制结构的调整为农村劳动力的流动提供了现实的可能性。以上是基于发展经济学"推—拉"模型而进行的关于城镇化对劳动力流动影响的讨论，但是城镇化对劳动力流动的作用并不仅限于这一种解释，我们还可以从"成本—收益"的角度来进行思考。

农村劳动力向城市流动是基于充分的"成本—收益"思考的。农村劳动力进城务工需要付出一定的成本，如在迁徙过程中发生的费用，城市生活成本（住房、食物、家用等），就业过程中的交易成本，以及子女在城市受教育的成本等。但是农民在农村主要从事农业生产，不论是粮食作物的种植还是经济作物的种植或是畜牧业的养殖等，其产品都为农副产品。而根据恩格尔定律，随着社会经济的发展，人们对农副产品的需求所占整个生活需求的比重会越来越小，换言之，农业发展自身是具有上限性的。在一个发展具有上限的产业或者行业进行生产和劳作，其收益是相对固定的。城镇的所有制结构和农村不同，特别是在发达地区的城镇，其公有制所占的比重相对较低，对农村劳动力的吸引力明显。这里有一个有趣的现象，

---

① 代谦、田相辉：《中国所有制结构变迁中的劳动力流动（1978-2010 年）》，《经济评论》2012 年第 6 期，第 60 页。

② 代谦、田相辉：《中国所有制结构变迁中的劳动力流动（1978-2010 年）》，《经济评论》2012 年第 6 期，第 61 页。

公有制越发达的地区对劳动力的吸引力就越低，这当然主要是由于公有制经济的就业政策所导致的，但也为我们描绘了农村劳动力流动的动态趋势图，即沿海发达地区、私营经济发达的地区是劳动力的主要流动去向。在这些私营经济发达的地区，农村劳动力的就业成本是相对较低的，农民很容易就可以找到一份城里的工作，而在收益上，由于产业结构升级的固有规律，一般而言，从事第二产业工作的收益会高于从事第一产业工作的收益，从事第三产业的收益会高于从事第一产业、第二产业工作的收益。相对于农村收入而言，城市工作的收入不仅量上更多，而且更为稳定。并且，农村劳动力在城市工作得到的收益是多方面的，不仅表现在实际工作中的收益增加，还有农村土地使用权转让的费用等；不仅表现在货币收益的增加，还体现在许多公共产品和服务的获取上。比如社会保障更为完善，子女成长环境更优越（子女没有随迁进城的除外），自身文化素质和技能水平的提升等；不仅表现在现在收益的增加，还表现在农民面对城镇化快速发展的现实而认为的城镇就业的预期收益会更高。正是基于现实收益和预期收益的双重考量，农村剩余劳动力自然向城镇流出，因而城镇化对于农村劳动力流动的推动作用是确定无疑的。"成本—收益"模型不仅对于解释农村劳动力流动有效，同时还可以解释城镇内部劳动力的流动，不同所有制企业间劳动力的流动。比如从 20 世纪 80 年代末开始，许多国有企业、集体企业破产改制，大量城镇劳动力从公有制部门流出，而流动的方向也大多是个体经济和私营经济。这一方面是出于面对社会经济环境的现实考量，但另一方面也是基于"成本—收益"因素的理性选择。

二 改革开放以来的城镇化推动社会发展阶段逐渐进入"消费社会"

如前所述，由于空间生产的资本化、市场化和商品化，以及非公经济发展在某种程度上改变了生产资料的内部结构，资本在城镇化中的作用逐渐增大，而资本的逐利性使得其一方面会无限地扩大生产，另一方面又会竭尽全力地想要消费者对其产品进行大量的消费，以实现其"私人劳动"的社会化以及完成再生产的价值补偿。中国社会在这样的推动之下逐渐进入"消费社会"阶段。

一般认为"消费社会"有几个特征：一是社会经济得到迅速发展；二是消费观念发生变迁，消费主义逐渐形成和蔓延；三是大众传媒、广告等对消费影响不断扩大，当然其最重要的一个核心内容就是认为消费取代生产而成为社会经济发展的主导。国内学者一般认同城镇化加速推动了中国进入"消费社会"阶段，从以上几个特征来看，中国也似乎确实进入了这样一个历史时期，但是本书在运用"消费社会"这一概念时，需要指出的是目前学术界对于"消费社会"这一概念的界定和使用仍存在很多争议，本书有必要就此进行一次较为全面的梳理，也是对"消费社会"概念做一次较为深入的辨析。

（一）国内外学界对于"消费社会"是否存在有着广泛的争论

对于"消费社会"的产生、内涵、特点及其是否确切存在等问题，西方和中国的学术界都有广泛的争论。我们可以先梳理一下，学界对"消费社会"的相关表述。让·鲍德里亚认为，"这并不是说我们的社会，客观上首先绝对是一个生产社会，一个生产范畴，一个政治经济战略的地点。而是说消费范畴混杂其中，即表示控制的范畴"[1]；"消费社会的特点：在空洞地、大量地了解符号的基础上，否定真相……借此机会，我们可以给消费地点下定义：它就是日常生活。"[2] 鲍德里亚对"消费社会"的定义并不明晰，但是我们完全可以推导出其对"消费社会"的主张，即消费成为控制社会的重要力量，消费自身却随着日常生活的消费而逐渐被符号化。詹明信（或译为詹姆逊）把"消费社会"描述为："一种新型的社会生活和新的经济秩序的出现——即往往委婉地称谓的现代化、后工业或'消费社会'、媒体或大观社会（spectacle），或跨国资本主义。"[3] 法国社会学家尼古拉·埃尔潘从与"生产主义"相对的角度出发，从社会学的角度研究消费现象，而消费现象特别是大众消费现象又是其理解后工业社会的一个切入点，因此，在他的视野中"消费社会"应该等同"后工业社会"，或者说至少具有"后工业社会"的诸多特征。他在其著作《消费社会学》的中文版序言中指

---

① 〔法〕让·鲍德里亚：《消费社会》，刘成富、全志刚译，南京大学出版社，2001，第10页。
② 〔法〕让·鲍德里亚：《消费社会》，刘成富、全志刚译，南京大学出版社，2001，第13页。
③ 〔美〕弗雷德里克·詹明信：《晚期资本主义的文化逻辑》，陈清侨等译，华夏出版社，2003，第399页。

出，"消费社会横跨多个历史时段，经受了欺骗、失望，甚至是军事动员。"① 大卫·理斯曼认为，"在最发达国家，尤其在美国，这次革命②正让位于另一种形式的革命——即随着由生产时代向消费时代过渡而发生的全社会范围内的变革"。③

中国学术界对"消费社会"的认识也不统一。中国社会科学院刘方喜研究员认为，"消费社会始于美国，然后影响其他发达国家，接着又影响发展中国家"④，并对"消费社会"的基本特征做了五大方面十个要点的概括，即阶级关系重组（巨型公司与"新阶级"即"服务阶级"的兴起，美国化与全球化）；物质需求与文化需求之间关系的重组（免于匮乏与奢侈消费的大众化，消费需求的非迫切性及被制造性、被操纵性）；阶级与文化之间关系的重组（商品与符号的差异趋于缩小、经济与文化日趋交融，电子传媒的大规模扩张与信息的高速流动、符号的极度爆发）；生产与消费之间关系的重组（社会重心的转移：由"生产"而"消费"，艺术审美活动与日常生活的差异趋于缩小：日常生活的审美化，过度娱乐化）；"人—人社会关系"与"人—物自然关系"之间关系的重组（人—人社会关系的凸显）⑤。中山大学王宁教授从事消费社会学研究多年，其对消费社会学研究对象的界定为"消费"，而非"消费社会"，即从消费的社会学学科属性出发研究消费，进而与消费经济学、消费心理学等消费分支学科区分。高文武教授在其著作《消费主义与消费生态化》中直接使用了"消费社会"这一概念，书中在研究基础上沿袭了马尔库塞、德波、鲍德里亚等西方学者的理论观点，承认"消费社会"的存在，并对"消费社会"主要特征——消费主义进行了生态文明意义上的批判。姚建平在其著作《消费认同》中指出，"后工业社会（大众消费社会）以来，消费方式出现了明显重视个人品位和风格的趋势"⑥。闫方杰认为，"'消费社会'并不是一个崭新的、独立的社会发展

① 〔法〕尼古拉·埃尔潘：《消费社会学》，孙沛东译，社会科学文献出版社，2005，（中文版序）第2页。
② 在大卫·理斯曼《孤独的人群》一书中，"这次革命"指工业革命。
③ 〔美〕大卫·理斯曼：《孤独的人群》，王崑、朱虹译，南京大学出版社，2002，第6页。
④ 刘方喜：《消费社会》，中国社会科学出版社，2001，第2页。
⑤ 刘方喜：《消费社会》，中国社会科学出版社，2001，第2~28页。
⑥ 姚建平：《消费认同》，社会科学文献出版社，2006，第1页。

阶段，它和很多新鲜词汇一样，从一定的角度反映着社会文化的变迁，而这种变迁本身是生产方式自身发展的结果。"① 从上述关于"消费社会"的表述可以看出，在"消费社会"是否存在这一问题上需要一个本质上的界定。

（二）"消费社会"作为"社会形态"是否存在其争论的本质是生产和消费何者第一性的问题

承认"消费社会"作为特殊的社会形态存在的观点主要是基于在新的经济发展阶段上，消费在经济生活、社会生活中日趋重要甚至"起决定作用"的角度而言，并且在很多情况下，把"消费社会"和后现代社会或后工业社会等同起来，其特征可以有很多，但最基本的主要有四条，即消费的符号化、大众化、超前化以及媒体关联化。笔者认为"消费社会"作为一个社会形态是否存在，其本质是对生产与消费何者第一性这一问题的不同认识，即到底是承认"生产决定消费"还是"消费决定生产"。生产与消费的关系是社会再生产理论的核心内容和重要基础，对于二者关系不同学者有不同的认识。如西斯蒙第就认为："归根结底，还是消费决定生产"②，马克思坚持生产决定消费的结论，在中国对此问题的主流和正统思想也是生产决定消费，对于这个问题有三点认识。

1. 对于生产与消费二者关系的认识应该遵循马克思的辩证思维方法即从抽象上升到具体的方法

马克思在《〈政治经济学批判〉导言》中所讨论的生产与消费是基于"一定"层面上的认识，如"在社会中进行生产的个人，——因而，这些个人的一定社会性质的生产"③；"说到生产，总是指在一定社会发展阶段上的生产——社会个人的生产。"④ 这里需要注意的是，马克思所讲的"一定"并非简单意义上对某一时期生产和消费关系在经验现象上的概括，这里的"一定"并非"特定"，"一定"是从抽象上升到具体过程中的科学"抽象"这一环节，而"特定"才是"一定"上升到的"具体"。马克思指出，"生

---

① 闫方杰：《西方新马克思主义的消费社会理论研究》，上海世纪出版集团，2012，第6页。
② 〔法〕让·西斯蒙第：《政治经济学新原理》，何钦译，商务印书馆，1977，第304页。
③ 《马克思恩格斯选集》第2卷，人民出版社，1995，第1页。
④ 《马克思恩格斯选集》第2卷，人民出版社，1995，第3页。

产的一切时代有某些共同标志，共同规定。生产一般是一个抽象，但是只要它真正把共同点提出来，定下来，免得我们重复，它就是一个合理的抽象。"①；"哪怕是最抽象的范畴，虽然正是由于它们的抽象而适用于一切时代，但是就这个抽象的规定性本身来说，同样是历史条件的产物，而且只有对于这些条件并在这些条件之内才具有充分的适用性。"② 因此，马克思对于生产与消费的认识是适用于一切时代的科学抽象，当然也用这个科学抽象进一步研究了资本主义生产与消费这一具体。如果不能正确理解或运用马克思这种辩证思维方法，就会把现有的经济问题，如消费等，归结为某种经验现象。西方左翼经济学家对消费的研究大多是从经济学或社会学的角度，而非从本质上探讨生产与消费的关系，因而多是基于经验现象层面上的概括，从消费谈消费。看不到现象背后存在的"生产方式"本质性问题，则在讨论解决消费问题的方法上也会过于简单地偏向经济学考量，中国当下对"消费社会"的研究也多少存在这一问题。因为，从经验层面上看，消费确实越来越重要，当今社会似乎就是一个"消费社会"，但是单从经验现象上来看待消费是非本质的，会带来很多问题。比如在计划经济时代供给不足的情况下，人们会相信生产决定消费，而当经济发展到另一阶段出现生产过剩之后，又会认为消费决定生产。马克思说过，"如果没有生产一般，也就没有一般的生产"③，要正确认识生产与消费的关系，就必须遵循马克思的这一思维方法和政治经济学重要原则。

2. 厘清生产和消费何者第一性之前要全面理解消费

对于消费概念的不同认识概括起来大致分为两类。一是"消费是使用商品和劳务以满足当前需要的活动"④，"消费是指利用社会产品来满足人们各种需要的过程"⑤ 等；二是"消费是人们为满足自己的生活欲望而消耗各

---

① 《马克思恩格斯选集》第 2 卷，人民出版社，1995，第 3 页。
② 《马克思恩格斯选集》第 2 卷，人民出版社，1995，第 23 页。
③ 《马克思恩格斯选集》第 2 卷，人民出版社，1995，第 4 页。
④ 〔英〕戴维·皮尔斯编《现代经济学词典》，宋承先等译，上海译文出版社，1998，第 111 页。
⑤ 百度百科：消费［EB/OL］. http：//baike. baidu. com/link？ url = zejrsivfafJsicFfrVJw-WC9cbFpwRuUwFbMCi3186yP0piVoLqSkcH6bzfBWr1JWEfUFc55Awymb4 _ Oq5bAD5X-jIkux-peeJAIaJUa12n_ W。

种物品及劳务的行为"①,"为满足人们物质文化需要而消费物质资料的行为"② 等;这两类概念的重要区别在于对消费对象范围的界定的不同。第一类概念认为消费是对于商品和社会产品的消耗和使用,第二类概念认为消费是对一切物品的消耗和使用,按照第一类概念,生产必须先于消费,因为只有先进行生产才能有商品及社会产品以供消费;按照第二类概念,人们可能会认为依此很难推导出生产先于消费的结论,因为人们可以先对自然物进行消费,再进行社会生产以及人自身的生产,但是请别忘了,人们对自然物的使用(包括对自然物的采摘、收集、加工等)依然是以自身为主体、以自然为客体(对象)的对象性活动,正如马克思在《1844 年经济学哲学手稿》中指出:"正是在改造对象世界中,人才真正地证明自己是类存在物。这种生产是人的能动的类生活。通过这种生产,自然界才表现为他的作品和他的现实。"③ 有些学者正是基于对消费的第二种概念的不完全解读,提出"消费决定生产"的命题,因为"人首先是作为消费者而存在的自然人。人对自然的依赖关系时时刻刻都存在,人在任何时候、在任何条件下都不能脱离自然而独立存在,只有消费着自然物质的人才是活着的人,才能够成为生产的主体,因而经济人首先是作为消费者而存在的自然人。"④ 这种认识不仅仅把对自然物的消耗看成无关生产实践的"单纯消费",甚至把消费对象的范围仅限于自然物,忽略了人在改造自然过程中的主体性和意识性,把人的消费等同于动物的生命活动,否定了马克思关于"人是有意识的类存在物"的判断。再者对于消费主体"人"也要辩证认识,对于单个个体而言,可能其出生伊始首先是个消费者,消耗和使用着自然界和人类社会的各种物品或商品,但作为"人类"而言,人类首先是劳动者和生产者,人的"第一个历史活动就是生产满足这些需要的资料,即生产物质生活本身"⑤,人正是在生产物质生活的过程中生产着人自身。因此,在对消费进行全面认识后我们发现,无论从哪种角度来讨论,生产

---

① 刘凤岐主编《当代西方经济学词典》,山西人民出版社,1988,第 41 页。

② 吴振坤主编《市场经济词典》,学苑出版社,1999,第 9 页。

③ 《马克思恩格斯选集》第 1 卷,人民出版社,1995,第 47 页。

④ 刘维刚、赵玉琳:《应重新认识消费与生产的主从关系》,《经济纵横》2014 年第 8 期,第 32 页。

⑤ 《马克思恩格斯选集》第 1 卷,人民出版社,1995,第 79 页。

都是起点，都是先于消费而存在的，因而是第一性的。

3. 消费需求的升级是对生产发展的反映

人们的需求的升级不是无缘无故的，也不是凭空而来的，而是基于对现有产品的消费之后产生的新的需要。赞同"消费社会"存在的观点往往会对"消费社会"中消费的特征和之前社会中消费的特征加以比较，认为"消费社会"的消费在对社会发展的作用上更为关键，在形式上更为多样，在观念上更为超前，在本质上更倾向于符号化。然而，正如马克思所言"已经得到满足的第一个需要本身、满足需要的活动和已经获得的为满足需要而用的工具又引起新的需要，而这种新的需要的产生是第一个历史活动"①，一切对现有或之前消费形式、理念、内容的超越以及结构上的升级，都是建立在生产不断进步、科技不断发展的基础上的。人们的需要或者说消费需求的改变，通常是通过社会产品作为消费实践活动的客体不断作用于消费者（主体）之上而形成的。马克思认为，"生产通过它起初当作对象生产出来的产品在消费者身上引起需要。因而，它生产出消费的对象，消费的方式，消费的动力。"② 人们的消费习惯、消费能力以及消费观念并非天生所得或先验存在，而是在无数次的消费实践中消费主体通过与客体之间不断的物质变换而习得。消费者自身消费素养的提高是对消费对象不断丰富发展的必然反映，也是消费实践不断更新完善的必然结果。

4. "消费社会"不符合关于社会形态和历史阶段划分的理论原则，但其表述依然具有重要的学术意义

对于人类社会形态的划分，马克思有比较明确的标准与表述，主要是基于两种视角而得出的两种不同的历史发展图式，一是依据生产力发展相对应的生产关系的变革提出的五形态论；二是基于生产力发展相对应的人的依赖关系的变革而提出的三形态论，两种对历史阶段的不同划分方法虽然视角不同，但无疑都是历史唯物主义框架内的阐释。根据马克思主义的观点，社会形态变革的标准是经济制度的改变，"消费社会"出现在产业革命引发的工业化浪潮之后，在资本主义国家中其所处历史阶段的经济制度

① 《马克思恩格斯选集》第1卷，人民出版社，1995，第79页。
② 《马克思恩格斯选集》第2卷，人民出版社，1995，第10页。

和产业革命之前及产业革命之后的并无二致，因而"消费社会"显然不能称为新的社会形态。丹尼尔·贝尔把人类历史划分为前工业社会、工业社会和后工业社会三个阶段，这是一种基于产业范式而理解的历史发展图景。工业社会是指以工业生产为经济主导的社会，"消费社会"则是以消费为经济主导的社会，那么，"消费社会"是否可以等同于后工业社会或是后工业社会的延伸。如果按照约翰·沙斯克对"消费社会"的界定，即"经常进行生活必需品以外的物质生产和销售的社会"①，那么，"消费社会"早在16世纪业已出现，"消费社会"也就跨越了工业社会和后工业社会两个阶段，也就不能等同于后工业社会或后现代社会。如果说"消费社会"发端于工业社会，恰逢某些特定阶层如中产阶级的出现应运而生，那么"消费社会"则不适用于用产业范式来理解和界定。因此，笔者认为不应承认"消费社会"是作为一个历史阶段存在的，当然这并非否认消费在现代经济社会发展中的重要作用。而基于各种对于"消费社会"特征的归纳，我们至少可以得出这样的结论，即"消费社会"必须是与市场机制及其生产方式相适应的，既然是市场经济发展到一定阶段的产物，其产生、发展当然也应该遵循"生产决定消费"这一基本规律的作用。在不同时期、阶段消费所产生的作用有所不同，毫无疑问在当下及今后的经济发展中，消费的作用将越来越大，但在任何时期、阶段消费都无法成为经济发展的主导，成为决定生产的第一性要素。但无论怎样，当今社会在消费领域出现的许多新现象、新变化是客观的，这些变化看上去甚至和过去有着"本质"的区别，因此，使用"消费社会"这一概念对当前社会消费现象的变化加以强调和区分是必要且有效的，只是在使用"消费社会"时需加引号以表明其所特指，而使用"消费社会"这一概念所特指的则应该是某一特定时期如工业社会后期，在这一时期大众消费崛起，消费领域发生了许多重大的变化，这些变化由资本主义社会率先出现并影响全球。综上我们可知，生产决定消费是人类社会发展的一般规律，在市场经济发展的过程中不会因为市场经济本身发展阶段的改变及特征的变换而改变或消除其规律发生作用的机制，生产决定消费是贯穿商品经济发展始终的基本规律。生产相对

---

① 〔日〕堤清二：《消费社会批判》，朱绍文等译，经济科学出版社，1998，第65页。

于消费来说是第一性的，"消费社会"赖以存在的基本命题"消费决定生产"是没有科学依据的，因而"消费社会"作为一个特殊的社会形态这一判断是站不住脚的，但这一概念本身确实又反映了某些社会现象层面的变化，具有重要的学术意义。

（三）"消费社会"现象层面的变化并未改变其资本控制的本质

虽然从社会形态上来说，不存在"消费社会"这一社会形态，但是从经验现象层面来看，"消费社会"时期确实有很多新变化，如何来看待这些新变化是我们当前需要厘清和界定的。

1. "消费社会"在现象层面的变化并未改变其资本控制的本质

任何事物或理论都要将其放置于历史发展的长河中进行考察才能对其有更深刻的把握。"消费社会"发端于资本主义社会，在资本主义条件下，作为生产关系范畴下的生产目的是剩余价值及利润的最大化，消费是作为实现剩余价值及利润的手段而被关注的。然而在资产阶级普遍追求资本增值的过程中，生产出现相对过剩，资产阶级为实现产品的剩余价值运用广告等方式宣扬大众消费，改变广大劳动者的消费意识，消退工人阶级的阶级意识，"消费社会"便应运而生。因此，"消费社会"的产生不是基于马克思所讨论的"生产一般"与消费的互动适应，大众消费也不是对"消费是生产的目的"这一关系的直接反映，而是资产阶级把广大工人阶级的消费纳入其剩余价值实现的范畴进行考量，其考量的最大限度也不是工人阶级自身的需要，而是利润创造的最大空间。马克思从生产一般的角度提出，所有者和消费者应在劳动者的层面实现同一，即所有者、劳动者和消费者具有直接的同一性，而在资本主义生产关系范畴下，由于生产与消费之间的适应关系是扭曲的和异化的，所有者、劳动者和消费者之间也就由同一走向了对抗。面对资本主义社会出现的消费领域新变化，西方左翼学者如鲍德里亚、马尔库塞等人在静态的经验社会学研究框架下对其进行了批判，但由于研究范式本身存在的缺陷，经验的社会学研究方法和西方传统经济学的研究范式不足以有力解释或真正批判"消费社会"。因此，对于"消费社会"的把握还是应该回到马克思的研究范式，回到生产过程的研究中去。

2. 工人阶级在"消费社会"中的消费本质上依然是劳动力的再生产

按照马克思的研究范式，消费始终是和生产联系在一起的，社会再生产包括物质资料的再生产和劳动力的再生产，两种再生产相互联系，其相互间的互动与转换纽带就是消费。马克思认为"在第一种生产中，生产者物化，在第二种生产中，生产者所创造的物人化"①，正是通过消费才使得第一种生产中所创造的物"人化"，同时在劳动力再生产的过程中"生产出生产者的素质"②。在前资本主义时期，生产都是为了剥削阶级的消费，资本主义时期，消费分为资产阶级的消费和工人阶级的消费两大类型。在资本主义初期，资产阶级为了资本积累，将大部分的剩余价值用于扩大再生产，从而"限制"自己的消费，但是工业革命之后，随着生产力的快速发展，资产阶级获得了大量的消费资料和空闲时间，以至于为了提高其社会地位而进行大量的"炫耀性消费"。工人阶级的消费有其上限和下限，下限是满足其生存需要的基本生活资料的消费，上限则是劳动力价值转换成的货币收入所能购买的产品和服务。工人阶级的消费下限是为了满足劳动力自身的生存，上限则是为了满足劳动力的再生产，工人阶级的消费成为资本主义社会再生产的一个必要条件。而进入"消费社会"时期后，工人阶级的消费现状得到了很大的改变，批量生产、大众消费的福特模式推动了工人阶级消费的迅速发展，工人阶级的消费甚至和其雇主越来越相似，"工人和他的老板享受同样的电视节目并漫游同样的游乐胜地，打字员打扮得同她雇主的女儿一样漂亮"③，金融信贷等工具更是让工人阶级的消费上限不断扩展，消费的范围从生存资料扩大到汽车、住房这类高档耐用的消费品，工人阶级不仅可以满足自己及家庭的生活资料消费，甚至还可以满足许多发展资料和享受资料的消费，工人阶级的消费欲望被煽动起来，消费主义成为其普遍的价值观和消费观，工人阶级开始追赶资产阶级和上层社会刻意制造的新风格和新时尚。这些都是"消费社会"时期工人阶级消费生活的新变化，但无论如何，我们应该看到在资本主义社会中，无论是在"消费社会"时期之前，还是在"消费社会"之后，资本主义生产都是为了剩余价值的实现以及利润的最大化，工人阶级消费都是资本主义再生产的

---

① 《马克思恩格斯选集》第 2 卷，人民出版社，1995，第 9 页。

② 《马克思恩格斯选集》第 2 卷，人民出版社，1995，第 10 页。

③ 〔美〕赫伯特·马尔库塞：《单向度的人——发达工业社会意识形态研究》，刘继译，上海译文出版社，1989，第 9 页。

必备要素，劳动力价值规律依然决定了工人阶级消费的实质，劳动力的再生产依然是工人阶级消费的本质功能。

综上，本书认为，"消费社会"作为一个社会形态的存在显然没有学理依据，但这一概念本身确实又反映了某些社会现象层面的变化，这种现象层面的变化，并没有改变资本控制的本质；"消费社会"现象层面的变化与现象背后资本逻辑的真实意蕴是当前学术界需要厘清的。

（四）充分认识"消费社会"对中国经济社会发展的影响

中国是社会主义国家，社会主义经济制度决定了在中国生产的目的是满足人民的物质文化需要，人民的消费本质上也不是劳动力的再生产，而是随着生产发展而发展的自我需求的满足。但不可否认，中国当前确实也出现了类似资本主义"消费社会"时期的一些现象，人们的消费意识和消费观念发生了很大的变化。消费不仅是对生活资料的消耗，在很大程度上也出现了符号化。消费主义、货币万能等价值观也悄然改变着部分中国人的文化心理结构，重构着人们的人生观和审美观，并通过思想文化和经济两种途径开始在中国蔓延。市场主体中厂商总是围绕如何扩大生产、如何加快消费升级来运转，而消费者则把自我真实的需要异化为对物质欲望的满足，并在消费文化和消费行为上践行和推广着消费主义。但是需要注意的是，消费主义和中国传统的发展主义是相矛盾的，发展主义强调生产、忽视消费，于是在人们的消费性现象中就出现传统消费观和消费主义消费观的相互冲突、相互交织的局面。一方面，一部分人通过消费，甚至是炫耀性消费来进行自我构建、自我区分，从而受到批判；另一方面，几十年发展主义的主导使得中国在生产上出现了一般性过剩和结构性过剩并存的现象，消费主义作为发展主义的对立面却在促进消费以增进生产方面和发展主义取得了统一。因此，对于中国现阶段类似"消费社会"特征的新局面，我们一方面要用消费生态主义对消费主义进行消解，同时，也要合理利用和引导"消费社会"大众消费对生产的反作用，在坚持批判"消费社会"、消费主义的同时，也要加强对其引导和利用。

第三节 "消费社会"生活方式变更

"消费社会"下生活主体、生活资料、生活时间和生活空间都会发生巨大的变化，而这些变化又是在城镇化背景下完成的。

一 城镇化背景下"消费社会"的生活主体

（一）从一般意义上讲，城镇化与生活主体的自我构建有重要关联，城镇化对主体的自我建构提出了新的挑战

1. 城镇化改变生活主体的生存空间

作为单个个体，其主体性的最先获得是通过"遗传"而实现，此种作为个体所体现的"类"属性来自父母，父母给予个体的不仅是生命及最初的"类"主体性，而且也是人之为人最初的并不以人的意志为转移的血缘关系，从历史发生学的角度来看，血缘关系是人类社会唯一和生产关系并存的物质性社会关系。换言之，我们从出生那一刻起进入的场域就是非自我塑造（建构）的社会关系集合体，个体正是在这样的背景下，运用所获得的进行对象性活动的本质力量，结合以方法、工具、手段等中介系统与物质世界进行交换，从而形成"社会性自我"。英国学者伊恩·伯基特在谈论"社会性自我"时指出，"作为个体，我们本身也是多重的：当我们身处自己行动的不同情境，并不完全是同一个人。"① 在快速城镇化阶段之前，我国农业、农村人口占有多数，人们的生存场域和情境相对固定，大多数人始终处于从出生那一刻起便存在的社会关系、权力结构及阶级次序之中，人们的主体建构相对简单。随着城镇化进程的快速发展，人口流动的加剧，人们"通过扩展与他人之间的关联，无论是实存的关联还是想象的关联，人们接触到越来越多的社会差异和个体差异，在塑造自我时，有更加广泛的样板可供借鉴。"② 因此，主体的建构变得更复杂、更多元。

① 〔英〕伊恩·伯基特：《社会性自我》，李康译，北京大学出版社，2012，第4页。
② 〔英〕伊恩·伯基特：《社会性自我》，李康译，北京大学出版社，2012，第15页。

2. 城镇化改变人们的实践方式与生产方式

城镇化不仅是人口向城市集中的过程，从经济结构变迁的角度看，城镇化是一个由传统农业生产方式向非农业生产方式转化、传统产业结构向现代产业结构升级的过程。传统农业生产方式下的人们，其分工相对固定和简单，而城镇化解构了传统农业生产方式为主的经济结构，大规模的农村、农业人口进入城镇（城市），与更先进的机械化、自动化生产方式相结合，农民变成了产业工人，城市服务业开始超越第一产业、第二产业，新的社会分工对于主体的自我建构有着极其重要的作用。人们开始通过其在社会分工中的地位来标示自我，所谓的城市白领阶层开始形成，并通过他们的知识、技能、分工、岗位、职位等来构建自我。城镇化带动劳动生产率的提高，日益丰富的、各式各样的消费品展现在消费主体的面前，人们在"景观社会"中选择与自己分工、职业、地位相一致的产品进行消费，从而实现自我认同。在人们迷失于"符号""景观""橱窗"的过程中，消费逐渐取代其他形式而成为人们建构自我的主要形式。

3. 新的社会群体必然创造出某种新的"生活方式"

改革开放的重要特征是转型，然而转型不仅是计划经济体制向市场经济体制的转型，也是传统农业社会向现代工业社会的转型。传统农业社会家庭式的生产方式以及邻里"换工""帮工"式的协作方式，生产出了更为强调集体性的生活方式，"远亲不如近邻"就是对传统农业社会集体生活方式的一个诠释。改革开放以后，城镇化快速发展，人们的生产方式、分工协作方式发生巨大的改变，在福特制、后福特制的生产方式中，人们无须传统"换工""帮工"式的协作，而是只需要严格按照生产线的流水作业便可完成生产过程。个体在生产过程中的作用被分解、固定在某一个零件、某一道工序之上，基于个体在劳动分工中的位置而产生的生活方式则开始成为建构自我的主要方式。个体在主体性异化的境况下，自我开始游离于集体。而西方的生活方式及其附庸的价值观念、生活态度和行为方式等在其资本的强势推动下，将其个人主义的实质价值取向送入了主体内心的最深处。人们开始从传统的生活方式纷纷向西式的生活方式看齐，即便是在传统节日的过节方式上也是以西式的过节方式来展开。

（二）从动态变化的角度来看，城镇化背景下生活主体的变化最直观的体现就是城市居民越来越多，农民工市民化是生活主体动态变化的重要因素

农民工的市民化是农民转变为市民的过程，是生活主体多重要素转换的交织体现，如生活空间的转换、谋生手段的转换、现实身份的转换、文化习惯的转换、社会属性的转换等，其本质是农民工自身社会关系的重构。1958 年随着《中华人民共和国户口登记条例》的颁布，严格的户籍管理制度开始运行实施。户籍制度古已有之，历史上户籍制度区分人口的主要标准是土地，而新中国三大改造完成后，土地都是国有和集体所有，个人与土地的联系已从所有转变为使用，因而以土地为联系纽带的户籍制度显然不适应中国的实际，于是现行的户籍制度以"职业"和"地域"为区分标准，把人口分为"农业户口"和"非农业户口"，实行户籍登记制度目的是限制农村人口向城市流动，减少城市发展所承担的压力。在新中国的前三十年中，城镇化始终滞后于工业化，这样的户籍制度对于当时城镇发展的规模、速度而言，起到了很好的缓冲减压作用。改革开放以后，随着家庭联产承包责任制的实施，以及户籍制度本身的不断松动，农村剩余劳动力开始大规模向城镇流动，在改革开放之初，乡镇企业异军突起，农村剩余劳动力主要是就地转移，流动目的地是乡镇；随后，随着南方沿海城市的对外开放，经济特区、沿海开放城市等得到迅猛发展，南下务工或去外地务工成为农村劳动力的主要流向，城市是农村劳动力的主要目的地；经历了几十年的劳动力流动之后，农村大量剩余劳动力已经成功转移，截至 20 世纪末，"外出就业的农民工数量高达 1 亿人左右"[1]，根据国家统计局数据"2011 年全国农民工总量达到 25278 万人，其中，外出农民工 15863 万人；住户中外出农民工 12584 万人，举家外出农民工 3279 万人，本地农民工 9415 万人。"[2] 如果加上失地农民，那么"目前我国需要实现市民化的人口

---

[1] 欧阳力胜：《新型城镇化进程中农民工市民化研究》，博士学位论文，财政部财政科学研究所，第 63 页。

[2] 欧阳力胜：《新型城镇化进程中农民工市民化研究》，博士学位论文，财政部财政科学研究所，第 67 页。

至少在 3.4 亿人。"① 并且当前城市对农民工的需求处于"结构性短缺"状态，因而今后仍将有大量的农村劳动力进城务工。农民工市民化在生活主体变化上的意义是十分重大的：

1. 市民化的农民工以及期望市民化的农民工从主体意义上讲属于主体能力较强的群体

如前所述，农村劳动力进城务工需要付出一定的成本，如迁徙过程中发生的费用，城市生活成本，就业过程中的交易成本，以及子女在城市受教育的成本等。我们不妨对这些成本进行细致一些的观察：迁徙过程中发生的费用，这个费用不是一次性的，而是包括其常年往返于工作城市和家乡的各项费用。城市生活成本，住房、食物、家用等，以住房为例，在农村除了在建造和翻修住房时需要花费一定资金，在日常生活中这一块是几乎没有费用，但农民所建住宅本身也是一种资产投资，换言之其在建房时考虑更多的不一定是实际住房的需求，而是具有投资、荣誉等多重考量，因而其建造成本也不应完全等同于房屋使用费用；至于食物、家用等费用，在农村和城市生活的差别则更大，在农村许多食物不需要购买，家用也相对简单。就业过程中的交易成本，因农民工个体自身素质差异而不同；子女在城市受教育的成本肯定是普遍高于其在农村受教育的费用。虽然从总体上来看，农民工在城市就业的收益更为丰厚，但是只要有成本的花费和投入，就会有亏本的风险。事实上，也确有许多农民工进城务工并不顺利，不但没有取得较农村更为丰厚的收益，算上已花费的成本，觉得并不划算，从而选择了返乡生活。所以，在城市工作、生活，市民化了的农民工至少在工作能力、自身技能、风险防范与管控方面有着更突出的表现。当然上述讨论只是从当前城乡差别和生活境遇不同的现状的一般意义来讲，并不意味着进城务工的就一定是农村中的精英，留在农村或从城市去农村就业的就一定排除在能力强者之外。因而我们可以肯定的是，在一个社会中，这样的群体越来越多，其生活主体的主体性体现则越来越强，对生活方式的影响和改变的作用当然更大。

① 欧阳力胜：《新型城镇化进程中农民工市民化研究》，博士学位论文，财政部财政科学研究所，第 67 页。

2. 农民工市民化是其社会关系的重构

农民工市民化是其转变为市民的过程，在这一过程中，农民工所处的生产关系发生变化，从原来较为单一的生产关系中走出来，进入到城市多元生产关系的经济生活之中；个人与他人之间的关系也和以往不同，在城市生活人际关系的类型、处理、原则都和在农村生活不同；个人和社会联系和互动的纽带多元化，在城市生活，农民工不仅享受自己劳动所带来的劳动成果，还能享受社会为城市提供的较为丰富的公共产品；个人还可以参与许多社会组织当中，其法律关系、道德关系更为复杂；传统农村生活的宗族关系淡化，业缘关系逐渐强化；家庭关系和地缘关系改变，举家迁徙的家庭关系与子女、老人没有随迁的家庭关系不同，举家迁徙的地缘关系也较之以往发生重大变化；农民工的非正式社会关系也更为复杂；市民化的农民工与原有城市居民关系发生变化，排斥和融合是相互作用的两个方面。

农民工市民化是生活主体思想观念变化的过程。由于城乡在自然环境、社会环境、制度环境上都存在着较为明显的差异，总体而言农民的思想水平的现代性更差一些，而在市民化的过程中，整个社会主体的思想观念水平都会得到明显提升。原先在农村所不具备或不够强化的创新意识、民主意识、科技意识、竞争意识、法制意识、消费意识等主体意识等都在市民化的过程中得到重构或强化。农民工的世界观、人生观、价值观等发生剧烈的变化，生活方式逐渐向城市居民转变，思维方式、行为方式、思想意识逐渐和城市居民接轨。由于生活方式的极大转变，农民工开始了新的社会化过程，在新的环境中，主体对自身的培训和学习提升正在加强，主体间的协调与合作意识正在加深。

本书讨论劳动力流动，农民工城镇化或说农民工市民化的目的不是就这些问题展开深入的思考，而是为了论述生活主体在城镇化以及"消费社会"背景下发生的变化，因而讨论的重点还是要围绕本书主题来展开。中国的劳动力城镇化有自身的特点，上述关于劳动力城镇化的讨论是基于主要劳动力工业化的一般性而言的，但是农村劳动力真正作为城市生活主体并且作为城市消费主体的整个过程却不是一蹴而就的，也不是止于上述讨论就完成的。中国劳动力的城镇化和劳动力的工业化是同步的，但是和人口城镇化和作为消费者的城镇化并不同步，后者明显滞后于前者。具体说来就是，由于户籍制度以及城镇高生活成本等现实条件而形成的城镇化门槛一直存在，农民工首先是作为劳动力进入城镇务工，从劳动力工业化的角度实现劳动力城镇化，但是这只是城镇生活主体和消费者主体变更的第一步。中国当前劳动力的城镇化和其家属等非劳动力人口的城镇化大多是分离式的，或者说是分步走的，劳动力家属的城镇化是其第二步。劳动力人口和其非劳动人口家属城镇化之后，作为消费者，和城市消费者一样进行城镇化的消费，从而实现作为消费者的城镇化是整个过程的第三步，也是完成生活主体和消费者主体变更的重要一步。正是基于这个思路，我们认为当前中国生活主体和消费者主体的变更还只是刚刚开始的一个动态过程，其对生活方式的影响在今后将更为明显和突出。生活方式的变更对于消费方式、消费文化变更的影响，不仅是现在表面上所看到的城市生活的人口多了，更需要注意的是从人口城镇化到消费者城镇化的过程，这一过程才真正能体现生活方式变更对消费文化变更的推动作用。

二　城镇化背景下"消费社会"的生活时空

时间是马克思主义的重要范畴，生活时间不是简单地被理解为物质运动的持续性，而是和人的活动相联系的一种社会时间。与天体、物体运行的物理时间的刚性规则不同，社会时间和人类的活动方式、生产方式相连接，体现人类的意识性，因而具有弹性可塑的特征。当然这种可塑性不是说社会时间、生活时间不是客观的，或者说其不是一维的，而是说社会时间在不同的历史时期可以通过挤压和溢出等方式来改变其规模和结构。

从广义上来理解生活时间，可以将其划分为生产时间和工余时间，工余时间又可分为生理活动时间、家务活动时间和闲暇时间，也就是通常意义上对生活时间的"四分法"。城镇化对生活时间的重构主要表现为将其推向多重矛盾之中。一方面，城镇化同工业化一起对生活时间进行霸道的占有。现代工业的发展开启了城镇居民生活时间的现代性之门，但是又将城镇居民的生活时间中的相当一部分固定在现代生产方式之中。传统农业生产方式条件下，居民的生活时间和劳动时间分割相对自由，而现代生产方式中，每个人的劳动配合一定的时间节奏共同发生作用，每个人的劳动与时间同他人的劳动与时间紧密衔接，生产的社会化将每个人的时间关联起来，共同为资本所控制和占有。工业发展致使人们生活时间机械化，而城镇化因其空间的不断扩大而加剧了对居民生活时间的占有，如城镇居民生活与工作的距离越来越远，上下班通勤时间越来越长。另一方面，城镇化同工业化一起又对生活时间进行有力的释放。现代工业的发展大大提升了劳动生产的效率，人们的劳动时间和休闲时间之间的较量正在不断地发生改变，休闲时间越来越多成为现代人们生活时间的一个重要特点，工业化给居民生活带来了大量的工业用品，节约了人们进行家务劳作的时间，如洗衣机、洗碗机、吸尘器等产品的使用，可以释放大量的家务劳动时间。城镇化所必然导致的各项城市基础设施的完善，使得人们用在做饭、吃饭等家务及生理需要上的时间大大缩短。但同时我们还应看到，这种城镇化带来的工作时间的缩短、工余时间的增多并没有提升生活时间的利用品质，换句话来说，技术提升节约下来的生产时间却在城镇化之中被碎片化地使用，这种碎片化的生活时间对于人们的休闲消费影响是很大的，通俗来讲就是容易导致网络消费式的碎片化时间消费。

当前的城镇化是工业化、信息化和市场化交织发展的城镇化，在这种背景下，时间的一维性体现为时间的稀缺性，正如其他稀缺的资源一样，在市场经济条件下，时间和金钱挂钩。在传统农业社会，时间从没有像现在这样"值钱"，劳动者在出卖自己劳动力的同时，其实是出卖自己的"时间"。我们在感受工作效率不断提升的同时，生活时间却被不断地侵占，面对城镇化给生活主体带来的各种生活压力，许多人用生活时间来换取更多的财富，生活时间变成了财富时间。王琪延教授根据调查统计得出，2000年"中国城市居民的工作、个人生活必需、家务劳动和闲暇四类活动时间分别占总时间的21%、44%、10%、25%。"[1] 齐心、田翠琴在2001～2002年对我国北方农村农民的生活时间进行了调查研究，调查结果显示"在北

---

① 王琪延：《中国城市居民生活时间分配分析》，《社会学研究》2000年第4期，第96页。

方农民的生活时间支出结构中，生产劳动时间、生理必需时间、家务劳动时间、休闲时间分别占总时间的比重为 26.36%、43.19%、9.21%、21.24%"[1]。从这个数据来看，城乡二元对立在生活时间上的对立并没有在经济对立上那么明显。但随着城镇化的进一步深化，工作时间对生活时间的侵占和挤压效益便逐渐明显，"2012 年农民工平均每周工作 6.27 天，每周工作 5 天以内的农民工仅占总数的 14.1%，连续工作 7 天的农民工占总数的 44.0%，61.2%的农民工每天工作超过 8 小时，平均每天工作 9.63 小时，整体来看，农民工群体超时工作现象严重。"[2] 由于农民工大多数从业行业属于低端产业，我们还可以选取其他行业从业人员生活时间进行对比。科研工作者绝大部分都属于城镇居民，中国科学技术发展战略研究院科技与社会发展研究所在 2011 年对中国科协全国科技工作者工作时间抽样调查，得出"科研工作者工作时间均值 8.09 小时，睡眠时间均值 7.52 小时，休闲娱乐时间均值 1.32 小时，通勤时间均值 0.93 小时，其中男性科研人员工作时间均值为 8.40 小时，休闲娱乐时间为 1.28 小时，通勤时间为 0.90 小时"[3]，如果将通勤时间和实际工作时间合称工作时间，即工作时间为 9.02 小时，占总时间比重为 37.58%，休闲时间占总时间比重为 5.5%，而男性科研人员的工作时间为 9.3 小时，占总时间比重为 38.75%，休闲时间占总时间比重为 5.3%。由此可见，城镇化对人们生活时间结构的影响十分明显，存在对休闲娱乐时间的挤压效应，迫使休闲娱乐时间向碎片化方向发展。

　　生活空间和生活时间相对应而产生，以四分法为例，生产活动时间的空间是工作单位，生理活动时间和家务劳动时间的空间通常是家庭，休闲娱乐时间的空间则是各种购物、休闲场所，也可以称为消费空间。城镇化重构人们的生活时间，也就必然重构人们的生活空间。

　　对于工作单位的空间重构而言，城镇化的推动力是和经济体制转型相

---

[1] 齐心等：《我国北方农民的生活时间配置》，《江苏行政学院学报》2003 年第 3 期，第 62~63 页。

[2] 石智雷等：《工作时间、业余生活与农民工的市民化意愿》，《中南财经政法大学学报》2015 年第 4 期，第 15 页。

[3] 薛品：《科研人员的时间分配与生活满意度——性别的视角》，《湖北经济学院学报》2015 年第 1 期，第 89 页。

伴生的。在计划经济体制下，单位不仅是工作的场所、空间，以及掌控资源和配置资源的主体，还是一种基本的社会组织形式，是个人与社会联系的一种生存模式，人们的生产、生活、消费、休闲都离不开单位。企业办社会导致单位的空间即是人们生活的主要空间范围，人们生活交往的丰富性和生活空间的多元性在这里很难得到满足和体现。人们的生活处于封闭单一的模式之中，人们在选择和改变自己生活空间上的自主权也十分微弱。经济转型后的城镇化改变了计划经济体制下单位对于生活方式、生活空间的主导性，随着许多国有企业的改制、工业企业外迁郊区的空间转移，以及城镇网络化生产、生活互动空间的重构，过去以单位为限制的生活空间得到极大的拓展，人们的生产空间、生活空间开始分离，而且距离越来越远，人们的生活半径逐渐拉大。生产空间的变化也带动了消费空间的重构。消费空间从原有空间中独立出来，而且挣脱以往整齐划一的单一性或均衡性消费空间，现有消费空间的重构和社会分层一道体现社会阶层的划分，不仅如此，消费空间的多元化还加剧了消费空间的特殊性，各种特质性的消费空间打破传统同质性消费场所的禁锢。由于消费空间的分层化，人们通常选择符合自己阶层或消费能力的场所进行消费，从而又加剧和巩固了生活主体对自己的认同与重构。

对于家庭空间的重构而言，城镇化的贡献更为明显。计划经济体制下城市家庭生活场所即住房主要是国家分配，短缺经济下的国家分配住房只能按照工作年限、资历等进行较小的区分，绝大多数居民的住宅空间狭小，形式单一、统一，条件落后。城镇化推动商品房建设和交易的迅速发展，房地产业的崛起虽然加剧了人们对固定资产消费、投资的难度，但是不可争辩的是城镇化给人们家庭住宅带来了翻天覆地的变化。家庭生活空间的增大、功能的增加、条件的改善都为消费的提升带来动力支撑。在农村也是如此，城镇化不仅让一部分农民的家庭生活空间从农村转移到城市，即使在农村本地其家庭生活空间也发生巨大改变，农村住房的格局和功能向城市看齐，除去外在生活环境和基础设施的差异，农村住宅和城市住宅在功能上日趋接近。

当然，城镇化对生活空间的重构也会带来一些压力、挑战甚至是负面的影响。城镇空间的重构主要是从两个层面来进行，即旧城区的改造和近郊的城市化。于是在城镇空间不断扩展的同时，就出现了农民生活空间不断缩小甚至消失的情况，也就是通常所说的农民失地问题。近郊农民的土地成为新城区特别是工业园区、大学城、住宅小区等新型空间，人们的生活方式、交往方式在城镇化的过程中、这种空间的生产和再生产中不断发生变化。原有农村以人与人之间的血缘关系为纽带的、邻里关系和谐融洽的生活环境被新的生活空间所取代，生活主体意义上的农民主体在接受现代性增强的同时也在接受着被动的城镇化。被动城镇化和我们之前所分析的农民工市民化不同，农民工市民化是农民在选择城市工作方式之后生活方式的必然转变，而被动城镇化条件下的农村人口不是主动地选择城镇化，其生活方式、思维方式并没有主动地或者说有效地进行城市化转型，因而其在很多方面会造成和城市生活主体间的隔阂，在生产、生活、消费方面也会展现出和城镇化相悖的方式和行为。如果说农民工进城工作进而进行了市民化是自然过程的城镇化，那么失地农民因为失去农村生活空间而被迫进行的城镇化则是非自然的城镇化，和计划经济时代的城镇化一样属于人为控制的城镇化，因而是不健康和不可持续的。

我们还应看到城镇化带来了一些亚文化生活场所的形成，这些场所为畸形消费提空了消费空间，同时也为亚文化类型生活方式提供了聚集、发展的可能。城镇空间的重构不仅带来了城镇空间科学化、现代化的高效利用，也带来了生活空间前所未有的分层。在一些层次较低、环境较差的生活空间中日益滋生各种亚文化生活方式。当然由于都市生活本身的丰富性和多元性，在一些高档生活空间中由于人们的猎奇心理等，也会出现形式各异的畸形消费。

第四节 "消费社会"背景下城镇化之于消费文化变迁

本节要讨论的是改革开放之后城镇化之于消费文化变迁的现状。概而言之，当前中国社会集现代化、市场化、城镇化、信息化、工业化与社会主义改革于同一个时空进行，这必然引起社会生产方式及生活方式的变迁，从而引发消费品价值的重估和消费观念的重建，为新的消费文化的建立提供广阔的思维空间和现实可能。具体而言，城镇化推动生产方式变革发展，推动生活方式由农村生活方式向城市生活方式转变、由传统生活方式向现代生活方式转变、由二元对立城乡生活方式向多元融合生活方式转变，进而推动消费文化转型变迁。消费文化变迁的表现可以归纳为：消费品供给从短缺走向相对丰沛，消费品消费从大众化走向个性化，消费品需求从注重使用价值走向注重符号意义；消费观念从生活必需品消费到多元消费，从工具性到目的性，从崇尚节俭到追逐时尚；消费方式则从即时消费、低端消费、线下消费转向即时与超前、低端与高端、线下与线上消费并存。就其共性而言，当前消费文化具有两大特征，一是消费主义倾向明显，二是消费作为主体自我构建的现实功能增强。

本书对当前消费文化现状的描述是通过文献阅读和问卷调查两种方法来获取研究资料的。消费作为日常生活领域的重要组成部分，具有很强的直观性。消费文化则涉及人们的主观判断和主观意志，如果能参与其中或现场体验则能够更为准确地把握和判断研究对象的真实状态，因此本书设计并使用了问卷调查法，主要目的是获取消费心理、消费观念、消费偏好等一些通过文献阅读法较难取得的直观数据资料。本书的问卷调查将在东部、中部、北部地区各选出一个城市进行，所选城市分别是上海、南昌和哈尔滨，每座城市发放问卷 200 份，共发放 600 份，共回收有效问卷 560 份。其中，有效问卷中被访者的基本情况如下：性别：男性 318 人，女性 242 人；年龄：20 岁及以下 104 人，21～30 岁 172 人，31～40 岁 70 人，41~50 岁 154 人，50 岁以上 60 人；文化程度：小学以下 10 人，小学 38 人，初中 86 人，高中、技校或中专 76 人，大专、本科 308 人，本科以上 42 人；现居住地域：农村 98 人，城市 462 人。被访者样本的选取通过随机抽样形成，具体有两种抽样方案，一是按照调查城市各区的户数比例在市内各区确定调查户数，然后抽取或选取或选定若干街道或小区，再按门牌号码抽取调查户，此种方法获取的主要是城市居民消费文化的相关信息，但是由于入户调查拒访率较高，因而不是本次问卷调查的主要方法；二是采用街头偶遇法，这种方法主要在各城市的县、市购物中心进行，偶遇法随机性大，可以随意更换调查对象，是本次问卷调查的主要方法，有约 85% 问卷的收集由此方法完成，此方法也更符合被访对象多元化的要求，因为购物中心既能遇上城市居民，也能遇上进城购物的农村居民。本次问卷调查所得出的数据资料将和其他文献阅读所获取资料一道说明和描述当前消费文化之现状。

一　短缺向丰沛、大众向个性、使用价值向符号意义的跨越

如前文所述，计划经济时期，城镇化、工业化对积累的依赖十分严重，由此而带来的是消费品的短缺和对消费的抑制。改革开放以来，生产力日益进步，生产关系不断调整，生产管理、运营逐渐革新，社会生产以惊人的速度追赶着人民长期压抑着的物质文化需求。

（一）普遍性短缺到结构性过剩再到相对丰沛社会

如前所述，中国城镇化发展经历了三个阶段，即 1949～1978 年的缓慢起步阶段，改革开放到 20 世纪末的加速发展阶段以及 21 世纪以来的快速发展阶段。[①] 从消费品供给来看，也基本可以分为相匹配的三个阶段，这三个阶段消费品供给的特征就是普遍性短缺、结构性过剩、相对丰沛社会。第一个阶段本书在前文已作详细阐述，此处不再赘述，我们在此可以主要分析一下第二阶段、第三阶段。

从表 4-1 可以看出，改革开放以来城镇化以及工业化的加速发展，带来了社会经济的长足进步和消费经济的迅速崛起，特别是在供给侧方面量的增加极为明显。在这些供给增加的产品中，有两个领域尤其突出，一是耐用消费品的供给快速增加，这不仅说明生产力的进一步解放和发展，更多地表明了社会可以逐步地满足更多人的更高层次的物质生活需求；二是文化、教育等精神消费品的供应增加，这是城镇化改变生产方式，从而带动生产效率大幅提升的直接体现，也直接带来了消费文化中物质层面消费品的增加，为聚集消费效应的形成和大众消费时代的到来奠定基础，也为个性消费的发展提供可能。

---

① 刘勇：《中国城镇化发展的历程、问题和趋势》，《经济与管理研究》2011 年第 3 期，第 20～21 页。

表 4-1　1990~2012 年主要生活消费品供给量

年份 \ 指标	城镇化水平（%）	国内生产总值（亿元）	主要生活消费品供给量							
			主要农产品（万吨）	汽车（万辆）	冰箱（万台）	空调（万台）	洗衣机（万台）	彩电（万台）	电视节目时间（万小时）	医院（个）
1990	26.4	18667.8	44624.3	51	463	24	663	1033	9.2	14377
2000	36.22	99214.6	46217.5	207	1279	1827	1443	3936	58.5	16318
2012	52.56	518942.1	58958.0	1928	8427	13281	6791	12824	343.6	23170

资料来源：城镇化水平数据来源于方创琳：《中国新型城镇化发展报告》，科学出版社，2014，第8页；其余数据来源：中华人民共和国国家统计局：《中国统计年鉴》（2013），中国统计出版社 2013，第6~8页。

　　从表 4-1、表 4-2 以及表 4-3 我们可以看出，城乡居民的耐用消费品的消费均有极大的增长，城镇化背景下作为城乡二元经济中强势的一端——城市的耐用消费品消费更是增长迅猛。除了这些传统意义上的耐用消费品，一些更为高端的，如汽车、空调、摄像机等耐用消费品的消费也有大幅提升。中国消费品供应从普遍性短缺走向结构性过剩。所谓结构性过剩就是部分商品供严重大于求，如 20 世纪 90 年代以后轻工业发展迅速，纺织等行业就出现较为严重的供大于求，同时随着消费者消费层级的提升，一些过去的耐用消费品需求减少，从而生产相对过剩，我们从国家统计局对耐用商品的统计对象也可以看出，2001 年对城镇居民家庭耐用商品的统计对象都为 16 种，分别是呢大衣、毛毯、大衣柜、沙发、写字台、组合家具、沙发床、自行车、缝纫机、电风扇、洗衣机、电冰箱、彩色电视、影碟机、录音机和照相机，2013 年对城镇居民家庭耐用商品统计的品种为 15 种，分别是摩托车、洗衣机、电冰箱、彩色电视、组合音响、照相机、空调、热水器、计算机、摄像机、微波炉、健身器材、移动电话、固定电话和家用汽车，这 12 年间相同的统计对象仅有洗衣机、电冰箱、彩色电视、照相机 4 种，这本身就能说明城镇居民消费结构的升级，当然并不是说之前的自行车、电风扇等就不再使用，而是说这些已经不再是居民家庭耐用消费品的主要消费对象了。我们再看对农村家庭耐用消费品的统计情况，2001 年统计的种类为：洗衣机、电风扇、电冰箱、空调、抽油烟机、自行车、摩托车、电话机、移动电话、组合音响、寻呼机、黑白电视、彩色电视、录放机、收录机、照相机，共 16 类，2013 年统计种类为：洗衣机、电冰箱、空调、抽油烟机、自行车、摩托车、电话机、移动电话、黑白电视、彩色电视、照相机、计算机，共 12 类，12 年间统计对象相同的种类却有 10 种之多。这说明城乡消费分化明显，城乡自身各自都存在消费结构升级的事实与趋势，很明显城市的消费品升级换代的速度快于农村，城市对消费结构升级的推动作用更为突出，同时，我们还应看到城乡在消费品消费方面存在梯度转移现象，城镇居民的消费对农村居民的消费具有引领和示范作用，农村居民的生活方式、消费方式、消费习惯都在向城市看齐，这正是城镇化当中人口城镇化的很重要体现。当然，直到 20 世纪末，我们国家的这种供给过剩都是结构性的，都是相对的，因为从另一方面来看，相对于一些新的需求特别是较高层次的消费品如空调、汽车等的需求而言，供给就明显不足。进入 21 世纪后，随着生产力的进一步解放，用投资、出口来拉动经济增长的路径依赖等，不仅传统消费品领域出现产能过剩，越来越多的新兴消费品产业如汽车、住房、计算机等，也都不同程度地出现了产能过剩的情况，整个社会经济已从原有的结构性过剩转向物质相对丰沛的"消费社会"，由于过剩产能需要消化，投资对经济的拉动作用放缓，消费对于经济发展的作用越来越明显。

表 4-2　1985~1999 年城乡居民家庭平均每百户年底耐用消费品拥有量

指标　　　年份	1985		1990		1995		1998		1999	
	城镇	农村	城镇	农村	城镇	农村	城镇	农村	城镇	农村
呢大衣（件）	116.2	—	169.98	—	204.15	—	191.12	—	195.23	—
毛毯（条）	86.79	—	123.82	—	139.75	—	142.07	—	145.72	—
大衣柜（个）	102.08	53.37	99.85	75.67	88.3	84.88	84.02	85.41	85.06	—
沙发（个）	131.49	13.07	157.3	36.98	210.12	65.41	207.62	82.53	210.11	—
写字台（张）	80.06	38.21	87.23	56.08	88.14	79.00	86.28	82.71	86.63	—
组合家具（套）	4.29	—	19.29	—	46.23	—	55.13	—	57.36	—
沙发床（个）	5.53	—	16.45	—	36.46	—	44.43	—	47.91	—

年份\n指标	1985		1990		1995		1998		1999	
	城镇	农村	城镇	农村	城镇	农村	城镇	农村	城镇	农村
自行车（辆）	152.27	80.64	188.59	118.33	194.26	147.02	182.05	137.15	183.03	136.85
缝纫机（台）	70.82	43.21	70.14	55.19	63.67	65.74	56	65.82	55.43	—
电风扇（台）	73.91	9.66	135.5	41.36	167.35	88.96	168.37	111.59	171.73	116.07
洗衣机（台）	48.29	1.9	78.41	9.12	88.97	16.90	90.57	22.81	91.44	24.32
电冰箱（台）	6.58	0.06	42.33	1.22	66.22	5.15	76.08	9.25	77.74	10.64
彩色电视（台）	17.21	0.80	59.04	4.72	89.79	16.92	105.43	32.59	111.57	38.24
影碟机（台）	—	—	—	—	—	—	16.02	—	24.71	—
录音机（台）	41.16	4.43	69.75	17.83	72.83	28.25	57.63	32.36	57.18	31.99
照相机（台）	8.52	—	19.22	0.70	30.56	1.42	36.26	2.22	38.11	2.69

资料来源：中华人民共和国国家统计局：《中国统计年鉴》（2001），中国统计出版社，2001，城镇数据参见第308页，农村数据参见第330页；部分农村数据参见《中国统计年鉴》（1999）第346页。

表4-3 2000~2012年城乡居民家庭平均每百户年底耐用消费品拥有量

年份\n指标	2000		2005		2010		2011		2012	
	城镇	农村	城镇	农村	城镇	农村	城镇	农村	城镇	农村
摩托车（辆）	18.80	21.94	25.00	—	22.51	—	20.13	—	20.27	—
洗衣机（台）	90.50	28.58	95.51	40.20	96.92	57.32	97.05	62.57	98.02	67.22
电冰箱（台）	80.10	12.31	90.72	20.10	96.61	45.19	97.23	61.54	98.48	67.32
彩色电视（台）	116.60	48.74	134.80	84.08	137.43	111.79	135.15	115.46	136.07	116.90
组合音响（套）	22.20	—	28.79	—	28.08	—	23.97	—	23.63	—
照相机（台）	38.40	3.12	46.94	4.05	43.70	5.17	44.48	4.55	46.42	5.18
空调（台）	30.80	1.32	80.67	6.40	112.07	16.00	122.00	22.58	126.81	25.36
热水器（台）	49.10	—	72.65	—	84.82	—	89.14	—	91.02	—
计算机（台）	9.70	0.47	41.52	2.10	71.16	10.37	81.88	17.96	87.03	21.36
摄像机（架）	1.30	—	4.32	—	8.20	—	9.42	—	10.00	—
微波炉（台）	17.60	—	47.61	—	59.00	—	60.65	—	62.24	—

续表

年份\指标	2000		2005		2010		2011		2012	
	城镇	农村	城镇	农村	城镇	农村	城镇	农村	城镇	农村
健身器材（套）	3.50	—	4.68	—	4.24	—	4.09	—	4.27	—
移动电话（台）	19.50	—	137.00	—	188.86	—	205.25	—	212.64	—
固定电话（部）	—	—	94.40	—	80.94	—	69.58	—	68.41	—
家用汽车（辆）	0.50	—	3.37	—	13.07	—	18.58	—	21.54	—

资料来源：中华人民共和国国家统计局：《中国统计年鉴》（2013），中国统计出版社，2013，城镇数据参见第 384 页，农村数据参见第 406 页。

（二）大众消费走向个性消费

标准化的生产出标准化的消费品，由于社会化大生产产能的迅速扩大，也将人类社会带入了大众消费时代，中国也是如此。对于长期消费欲望受到压抑的国人来说，大众消费时代的到来是对其消费冲动释放的最好时机，也为其改善生活品质提供现实可能。但是人的欲望会不断增长，消费心理也在不断更新变换，人们开始不满足于大众消费品时代同质化的生活与消费。中国在计划经济时期，人们的生活方式、思维方式、消费方式、价值观念高度统一，生活方式同质化的现象十分普遍。走出计划经济，告别短缺时代之后，人们迫切地想要改变这一现状。但是城镇化和工业化的发展，批量生产大众消费是主导，人们在工业社会并不能真正实现生活方式的个性化。正如马尔库塞在其名著《单向度的人》中指出，"当代工业社会是一个极权主义社会，从政治领域看，它成功地实现了政治对立面的一体化，从文化领域看，高层文化与现实同一起来，从生活领域看，发工业社会还使人的生活方式同化起来"①。不但同一阶级的人们生活方式同质化，连不同阶级的生活方式也趋同。特别是在城镇化过程中，原来二元经济对立时期城乡之间生活方式的差异性也在不断被消解，生活在城市的人们发现，他们的生活方式不仅在城市相同，而且在农村也得到了迅速的追捧和模仿，农村居民甚至主动将自己的生活方式与城市生活方式进行对照和同化，这

---

① 〔美〕赫伯特·马尔库塞：《单向度的人——发达工业社会意识形态研究》，刘继译，上海译文出版社，1989，第 2~3 页。

样一来，生活方式的同质化不但没有减弱反而更加增强。

然而，差异化和个性化是"消费社会"中人们较为普遍的价值观念，也是消费文化从计划经济时期的"使用价值"主导向"个性差异"主导转变的重要思想基础。但是由于现实生活并未给生活主体提供更多的实现自我及个性差别的路径选择，人们开始尝试实现自我个性化的各种方式，最终发现消费是其实现异质生活的最简单也是最直接的途径。所以，人们通过消费来实现自我构建和自我认同，一部分人开始让经济上的优势转换为生活上的不同。

在追求个性化消费的过程中，时尚、个性、新颖、高档、讲究等成为异质生活的关键词。在我们的问卷调查中，40岁以上的受访者在回答"您在20世纪90年代以前的服装偏好主要是什么（最多可选2项）"时，给出的答案中包含"实用就行"的有150人，占整个40岁以上受访人数214人的70.09%，给出的答案中包含"方便舒适"的有128人，占受访人数的59.81%，给出的答案中包含"价格合适"的有118人，占受访人数的55.14%，给出的答案中包含"体现个性"、"款式新颖"、"名牌时髦"、"做工讲究"之一的合计为37人，占受访人数的17.29%。而40岁以上的受访者针对"您现在的服装偏好主要是什么（最多可选2项）"的问题，给出的答案中包含"体现个性""款式新颖""名牌时髦""做工讲究"之一的有204人，占受访人数560人的36.43%，在这204人当中，在城镇生活5年以下及6~10年的合计81人，占比39.71%，在城镇生活了11年及以上的有123人，占比60.29%。这说明城镇生活时间越长，其对个性化消费文化的认同度越高。

40岁以上的受访者在回答"您在20世纪90年代以前的饮食偏好主要是什么（最多可选2项）"时，给出的答案中包含"吃饱就行"的最多，有190人，占整个40岁以上受访人数214人的88.79%，答案中包含"干净卫生"的有90人，占受访人数的42.06%，答案中包含"健康营养"和"方便省事"的均为有78人，占受访人数的36.45%，而答案中包含"饮食文化""食材新奇""口味独特""高档饮食"之一的合计为28人，占受访人数的13.08%。而对于"您现在的饮食偏好主要是什么（最多可选2项）"，答案中包含"饮食文化""食材新奇""口味独特""高档饮食"之一的合计为 172 人，占受访人数 560 人的 30.71%。

40 岁以上的受访者在回答"您在 20 世纪 90 年代以前购买日用品主要考虑（最多可选 2 项）"时，给出的答案中包含"实用"的人数最多，有210 人，占整个 40 岁以上受访人数 214 人的 98.13%，答案中包含"价格"的有 150 人，占受访人数的 70.09%，选择"高档"的为 0 人，而答案中包含"新奇""美观""流行""品牌""个性"之一的合计为 19 人，占受访人数的 8.88%。而对于"您现在购买日用品主要考虑（可选 2 项）"时，答案中包含"品牌"的有 222 人，占受访人数 560 人的 39.64%，而答案中包含"新奇""美观""流行""品牌""个性"之一的合计为 364 人，占受访人数 560 人的 65.00%。

通过问卷调查的统计结果我们可知，城镇化对于人们消费个性化的推动作用很大，今天的城镇化水平和 20 世纪 90 年代的城镇化水平不同，城镇生活方式在人们生活中所处的位置和作用自然不同，随着城镇化水平的提高及城镇生活方式的推广，越来越多的人关注品牌、新颖、个性等风格化的消费，即使是在吃、穿、用等同质化商品占绝大多数的情况下，也仍然有很大一部分人通过各种方式来实现个性化的消费，将自我与他人区分开来。但城镇在其规划设计时所体现的功能化区域化及条块分割，切断了很多人在日常生活中获得主体性的途径。随着部分人的收入提高、中产收入阶层的兴起，人们开始在消费方式、消费文化上追求"风格化"，寄希望于通过力所能及的"风格化"消费来建构自我、实现自我与他人的区分。"风格化"在其发展过程中由于缺乏引导而被庸俗化、简单化地理解为自由主义的个性消费。

这种追求个性化消费的意义绝不仅限于个人习惯层面上的理解，它是对当前新的生活方式的直观反映。我们知道，新的生产方式必将引起生活方式的重构，在生活方式重构的过程中，生活主体自身的自我重构又是不可回避的路径选择。在城镇化和"消费社会"背景下生活主体总是试图通过最为直接和最为简便的消费来构建自己的主体性。虽然这肯定不是主体自我重构的最优路径，但却是当下最为可行和最为通行的一种方式。当然，也正是主体通过消费来构建自我，才带来消费从大众化时代向个性化时代的转移，也才会造就各人不一的消费风格。这是我们当前所面临的现实问题，我们现在要做的不是批判城镇化给主体自我建构带来的问题，也不是否定消费在当今社会的意义，而是如何看待并引导主体自我建构从而引导消费文化健康有序发展。主体的自我构建在当前时代具有特殊性，其特殊性就在于其和商品符号意义优先倾向息息相关，因为个性化消费继续发展必将导致消费的符号化。我们在对消费文化进行总体讨论之后，再综合思考如何看待个性化消费时代主体的自我建构及如何对消费文化的发展进行引导。

（三）以使用价值为主向符号意义优先的跨越

在调查中我们发现，回答"广告对您的日常生活、消费有无影响"时，回答"有影响"的有489人，占总人数560人的87.32%；在回答"下列哪些方式最吸引您进入店铺（最多选3项）"时，在回答中把"店铺橱窗摆放的热销商品"排第一位的人数最多，共有278人，占总人数560人的49.64%，其次是把"店铺别致的装修及形象"排第一位的有208人，占比37.14%，这符合"景观社会"的消费特征。

在回答"花钱消费应当与自己的身份相符合"时，选择"完全同意"的有134人，占总人数560人的23.92%，选择"基本同意"的有252人，占比45.00%，这两项总共占比68.92%，选择"完全不同意"的只有30人，占比5.35%；在回答"人的生活和消费要有自己的特点"时，选择"完全同意"的有98人，占总人数560人的17.50%，选择"基本同意"的有266人，占比47.50%，这两项总共占比65.00%，选择"完全不同意"的只有18人，占比3.21%。在回答"如果有钱了，一定要买一些贵的东西让别人另眼相看"时，选择"完全同意"的有54人，占总人数560人的9.64%，选择"基本同意"的有92人，占比16.42%；在回答"穿不同档次的衣服表明它不同的身份和地位"时，选择"完全同意"的有70人，占总人数560人的12.50%，选择"基本同意"的有176人，占比31.42%，选择"完全不同意"的有96人，占比17.14%。在选择"完全同意"和"基本同意"的246人当中，在城镇生活5年以下，及6~10年的合计139人，占比56.50%，在城镇生活了11年以上的有107人，占比43.49%。这说明刚进入城镇生活的人的自我塑造和追赶模仿的愿望更为强烈，他们更急切地希望通过消费等方式来实现其"市民化"的愿望，实现市民身份的自我构造与认同。

　　按照鲍德里亚的观点，我们当下的社会其生产逻辑已经让位于消费逻辑，而在消费逻辑当中，意义和符号尤为重要。我们的社会从商品占主导转向符号占主导，对物品（商品）的占有也从使用价值转向了符号价值，消费符号化也是中国当前消费文化的重要特征之一。这里我们需要弄清楚三个问题，一是商品符号意义的来源，二是商品符号意义发生作用的途径，三是符号意义消费与人的自我构建之关系。

　　马克思对商品的理解从商品二因素入手，商品具有使用价值和价值二因素，相应指的是商品的自然属性和社会属性。自然属性之使用价值来源于物品（商品）自身的有用性，价值来源于人类无差别的脑力劳动和体力劳动。那么，符号价值的来源是什么？很显然，商品的符号价值和商品固有的有用性无直接关联，也不能依据人类的劳动创造来加以理解，更不能用商品交换所产生的交换价值来解释。"根据鲍德里亚的观点，商品的意义来源于它们在符号的制作和再制作这一延续过程中的位置"①，换言之，是因为对符号的生产、编辑与运作，商品被赋予意义。鲍德里亚进而指出，世界上本不存在真正的需求，所有需求都由社会制造出来。既然没有真正的需求，也就没有马克思主义劳动创造意义上的价值或称生产来源意义上的价值，商品的意义是在流通中获得。本书并不完全认同鲍德里亚关于商品价值或意义来源的观点，但是鲍德里亚对于商品价值符号化的思想是值得借鉴的。

　　商品符号依靠现代传媒的帮助，通过广告等途径，将商品和某种意义、气质、氛围联系起来，这些联想需要消费者自觉来进行，因而消费者是自愿、自主地将消费符号化，让消费变成消费者自我构建、自我创建的重要途径和形式。各式各样的广告词明确地将消费者所购买的商品和其品位、风格、身份、阶层联系，尽管这种联系并非客观，但的确容易让消费者通过美学的浪漫主义联想来取代商品真实用途的表意，这种广告传媒的渲染烘托已经成为决定一种商品是否受欢迎的重要依据。广告等传媒手段把商品与生活的虚假联系描述得比真实联系还要真切，这些联系没有确切的依据或固定的来源，即并非源自商品自身使用价值对消费者需求的满足程度

---

① 〔美〕西莉亚·卢瑞：《消费文化》，张萍译，南京大学出版社，2003，第64页。

所带来的价值评价，此种联系却实际地操控着消费者的购买欲望和消费心理。再比如消费者在购买香水时，看重的不一定或至少不仅是香水诸如掩盖人体味的某种使用价值，而是将其进行多方的联想，将香水和自信、品位、气质，甚至调情、暧昧等相挂钩，让香水不仅是香水，还是一种生活方式的暗示，一种群体偏好的划分，一种自我形象的塑造。

二　消费观念从生活必需品消费到多元消费、从工具性到目的性、从崇尚节俭到追逐时尚

中华人民共和国成立后的第一个 30 年，虽然在工业化和城镇化有一定的发展，特别是在工业化上发展成果更为突出，人们的生活水平也得到了恢复和提升，消费结构、消费水平相较于中华人民共和国成立以前都有很大的进步，但是由于重工业化所需的资本量巨大，积累和消费之间不得不倾向于积累优先，因而人们的消费水平在 30 年间总体上是低水平徘徊，甚至在一段时间内出现过停滞以及倒退。由于中华人民共和国成立初期的工业发展战略，人民的消费需求虽然旺盛，但是基本上被排斥在工业发展的规划之外，生产什么就消费什么，生产什么由计划决定，消费什么自然也由计划约束，人们的需求被长期人为地压抑和控制，居民的消费需求满足程度总体不高，但居民间的消费水平差异不大，绝大多数人们是对基本生活需要的满足，低收入、低消费、平均化成为当时消费文化的重要约束条件。改革开放以后，随着生产关系的逐步调整，生产力得到进一步解放，在其后的 30 年中经济迅速发展，人们的消费不再仅限于对生活必需品的需求得到满足，人们的消费结构得到极大的改善，消费水平不断提高。

我们从表 4-4、表 4-5 可以看出城乡居民消费水平及结构的动态变化：整体消费结构提升，城乡消费梯度差异、城乡内部消费等级差异仍然存在并有扩大之势。城镇内部消费的差异度大于城乡之间的差异度，特别是在文教娱乐、医疗保健等新兴消费领域更为明显，如对于文教娱乐产品的消费，城镇居民最高收入与最低收入之间的消费费用之比为 5.04，消费差额为 3553.27 元；农村居民此项最高收入与最低收入之间的消费费用之比为 3.99，消费差额为 688.69 元；城乡居民中最低收入者此项消费费用比为 3.81，消费差额为 648.67；城乡居民中最高收入者此项消费费用比为 4.82，

消费差额为 63513.25 元。而对于食品类等传统消费大项而言，城镇居民最高收入与最低收入之间的消费费用之比为 2.53，消费差额为 5713.13 元；农村居民此项最高收入与最低收入之间的消费费用之比为 2.24，消费差额为 2002.38 元；城乡居民中最低收入者此项消费费用比为 2.30，消费差额为 2108.56 元；城乡居民中最高收入者此项消费费用比为 2.61，消费差额为 5819.31 元；整体而言，消费需求及消费的实现呈现多元化特征。

表 4-4 1979~2012 年城乡居民家庭恩格尔系数

单位：%

年份	城镇	乡村	年份	城镇	乡村	年份	城镇	乡村
1978	57.5	67.7	1980	56.9	61.8	1985	53.3	57.8
1990	54.2	58.8	1995	50.1	58.6	2000	39.4	49.1
2005	36.7	45.5	2010	35.7	41.1	2012	36.2	39.3

资料来源：中华人民共和国国家统计局：《中国统计年鉴》（2013），中国统计出版社，2013，第 378 页。

表 4-5 2012 年按收入等级分城乡居民家庭平均每人全年现金消费支出

单位：元

类别		食品	衣着	居住	家庭设备	交通通信	文教娱乐	医疗保健	其他
城镇居民家庭	低收入户（20%）	3728.88	876.15	878.54	487.3	778.60	878.91	608.95	218.54
	中等偏下户（20%）	5028.85	1408.21	1160.43	760.00	1392.97	1326.62	832.93	371.10
	中等收入户（20%）	6061.37	1765.63	1384.31	1033.64	2063.25	1785.45	1096.04	529.94
	中等偏上户（20%）	7102.41	2213.83	1708.68	1346.21	2960.62	2449.14	1248.92	800.35
	高收入户（20%）	9442.01	3347.99	2638.77	2317.58	6137.62	4432.18	1765.57	1647.57

续表

类别		食品	衣着	居住	家庭设备	交通通信	文教娱乐	医疗保健	其他
农村居民家庭	低收入户（20%）	1620.32	246.10	637.66	197.38	360.26	230.24	370.88	79.41
	中等偏下户（20%）	1902.73	287.59	775.19	250.08	412.69	294.22	439.12	102.71
	中等收入户（20%）	2197.42	358.37	990.72	319.07	546.92	386.79	499.13	131.90
	中等偏上户（20%）	2672.60	466.07	1341.22	406.68	732.45	533.11	595.70	176.37
	高收入户（20%）	3622.70	717.82	1952.78	618.40	1418.83	918.93	737.12	288.71

数据来源：中华人民共和国国家统计局：《中国统计年鉴》（2013），中国统计出版社，2013，城镇数据第382页，农村数据第402页。

随着消费水平整体上的提高，人们开始追求消费，消费从生活的工具性意义上升到目的性意义，特别是由于当前的经济全球化由资本主义国家所主导，因而经济全球化必然带来了资本主义价值观的全球性冲击，现代传媒、广告等行业的迅速发展，更是为消费主义思想的蔓延推波助澜。正如发展中国家有强烈的愿望快速融入世界经济一样，农村居民、农村进入城市的居民也希望快速融入城市生活，向往城市的消费文化，消费变成很多人生活的意义所在。在我们的调查中，当被问及"如何看待花钱休闲、娱乐和工作一样重要"时，选择"完全同意"的有124人，占总调查人数560人的22.14%，选择"基本同意"的有256人，占比45.71%，选择这两项的合计人数为380人，占比67.86%，这说明居民对于消费的认同度非常高，消费与生产的重要性和意义相当；当被问及"如何看待人活着的主要目的在于从工作中获得乐趣和创造成就"时，选择"完全不同意"的有74人，占总人数的13.21%，选择"说不清楚"的有206人，占比36.79%，选择这两项的人数总和为280人，占比50%，这是一道典型的崇尚生产主义价值理念的题目，我国长期倡导积累、生产、投入、节俭，在这样的文化氛围中，有如此多人的人不认同生活的意义在于工作以及从工作中取得的成就，这从反面证明了消费在人们生活中的地位和意义；当被问及"如何看待花钱越多越体面"时，有29人选择"完全同意"、55人选择"基本同意"、172人选择"说不清楚"，对于从小就接受社会主义意识形态和价值观念教育的群体来说，这个比例确实反映了当前拜金主义和消费主义思想泛滥的严重性。拜金主义和消费主义的根源都是"以物的依赖性为基础的人的独立性"[1]，人与人之间的社会关系被物化和异化，人们的生活似乎只能围绕商品而展开和维持。

越来越多的消费者开始抛弃节俭是传统美德的消费观，纵然是以节俭思想来展开消费的，也必然有部分原因是客观上收入的不足而导致的不得不节俭。人们开始渴望大量消费和追求时尚，一方面消费进一步符号化；另一方面，消费和时尚成为自我构建和群体区分的关键指标。时尚本身就具有区分功能，西美尔曾说过"时尚的本质是由分界功能——再加上模仿功能——构成的"[2]。时尚由社会中地位较高的人群制定，由其他阶层群体进行模仿，时尚本身也具有时效性，一旦时尚被大众所模仿，时尚实际则消亡。在"消费社会"人们总是通过消费来追逐时尚，从而将自身与上层群体置于同一个社会等级，也有人希望通过对时尚消费的差别来区分或凸显现实社会中的差别。而回到本书的主题城镇化与消费文化的变迁，我们可以发现，城镇化无疑加速了追赶时尚和时尚消亡的速度与进程。大量的农村劳动力进城务工，农民工面临市民化的问题，对于他们而言，最有效最直接的方式就是通过模仿城市居民的消费来实现自己生活方式和城市生活方式的一致性，从而将自己划进市民的行列，甚至有人通过进行奢侈性消费以实现自我身份的构建与认同。

三　消费方式从即时消费、低端消费、线下消费转向即时与超前、低端与高端、线下与线上消费并存

消费主义归根结底是生产主义的延续，生产主义的核心思想就是扩大

---

① 《马克思恩格斯全集》第46卷（上），人民出版社，1979，第104页。

② 〔德〕奥格尔格·西美尔：《时尚的哲学》，北京文艺出版社，2001，第74页。

生产能解决社会发展的一切问题,围绕如何扩大生产便成为生产主义的核心议题。在扩大生产的过程中,金融行业的发展为生产主义的扩散提供很好的资本支持。随着生产主义的愈演愈烈,生产出来的商品如何才能快速消费掉成为厂商获得价值补偿从而进一步扩大再生产而必须面临的首要问题。在生产主义扩散的背景下,即时消费显然不能满足生产厂商对商品价值补偿的需求,于是便出现了各种形式的方法来促进消费的循环。如通过耐用商品的非耐用化从而加剧耐用商品的更新换代等,而信用卡、分期付款、按揭消费等金融产品的出现则为消费主义的产生添加了催生剂。相关统计数据显示,"截至 2015 年上半年,工农中建交五大国有银行及兴业、平安等商业银行的信用卡累计发卡量达 5.11 亿张"[①]。由于在城镇化过程中,城市生活方式对农村人口的示范作用,越来越多的农民开始尝试并接受超前消费、信贷消费。江西省农信社的统计显示"截至 2012 年 11 月,消费贷款余额达到 158 亿元,其中个人汽车消费按揭贷款 5.7 亿元、个人综合消费贷款 92.95 亿元"[②]。在我们的调查中也印证了这一结论,当被问及"如何看待分期付款买车是应该而且合理的"时,选择"完全同意"的有80 人,选择"基本同意"的有 214 人,选择这两项的人数合计为 294 人,占比 52.50%,而选择"完全不同意"的只有 46 人,占比 8.21%。

随着经济水平和生产水平的提高,人们消费的结构也在升级,从以低端消费为主转向低端、高端消费并存,一方面反映了我国当前收入差距和消费水平差距在扩大,另一方面也是消费主义在高端消费上的体现。"消费主义主张通过无度地消费物质产品来追求高人一等的精神感受和社会评价"[③],"消费主义张扬无尽享受、挥霍纵欲、奢侈消费的生方式和消费理念"[④],消费主义对于消费向高端消费甚至奢侈消费发展起了重要作用。随着消费主义在国内的蔓延,倡导消费主义的主体正在呈年轻化的态势发展。在《2015 高端消费市场发展报告》中显示,"我国的高端消费人群发生了结

---

① 《2015 年信用卡新增发行量增速放缓》,http://www.youdaiw.com/news/46992.html,2015 年 10 月 3 日。

② 郭强:《农村"超前消费"现象调查》,《决策探索》2013 年第 8 期,第 26 页。

③ 高文武等:《消费主义与消费生态化》,武汉大学出版社,2011,第 17 页。

④ 赵玲:《消费的人本意蕴及其价值回归》,《哲学研究》2006 年第 9 期,第 111 页。

构性变化，高端消费逐渐向大众扩散，年轻人正逐渐成为消费主力……人们愈发追求生活品质，更加关注高端消费，乐于高端消费"①。

随着互联网技术的进步以及电子商务行业的发展，传统单一的实体店消费模式已经让位于线上消费线下体验等新兴消费模式。线上消费不但在量上急剧增加，所覆盖的空间也不断扩大，不再局限于城镇居民，越来越多的三、四线城市和县城的居民开始热衷于线上消费。随着国家对电子商务行业的扶持，以及互联网使用在农村中的进一步普及，农村的网上消费规模越来越大。在我们的调查中，家中能够上网（专指电脑上网，不含手机上网）的人数有 490 人，占总调查人数的 87.50%；当被问及"您平时上网主要用来做什么（最多选 3 项）"时，答案中包含"购物"这一项的有296 人，占总被访人数的 52.86%。

四　当前消费文化的总体评价

梳理前文思路，我们可以得出，城镇化加快了生产方式的改进，推动了经济发展和生活改善，在当下城镇化进程影响之下的消费文化变迁也呈现了新特点。

其中最简单、最普通、最基本、最常见、最平凡的现象莫过于从大众消费向个性消费、从生活必需品消费向多元消费、从低端消费向高端消费的转变。这是和中国改革开放三十多年来生产的不断进步、经济的不断发展以及城镇化的持续推进相联系的。生产的发展为人们提供了越来越多的消费品，人们的生活从短缺时代向大众消费时代过渡，而伴随着多年来的高速经济增长以及城市生活方式界限不断拓展，人们的消费不再满足于大众消费而逐渐走向个性消费；消费结构也呈现出由低端消费、生活必需品消费向高端消费和多元消费转变的态势。

在当下城镇化进程影响之下的消费文化变迁中大量出现且不断增长并具有普遍化趋势的事实是从即时消费向即时消费与超前消费并存、从线下消费向线上消费与线下消费并存转变。城镇化进程中市场导向的生产方式变革活跃了经济、金融和人们的日常生活，城市发展使得城市基础设施建

---

① 任震宇：《高端消费人群发生结构性变化》，《中国消费者报》2015 年 5 月 1 日，第 C04 版。

设得到了前所未有的进步，这其中就包括城市道路、物理空间、虚拟空间、网络技术、金融产品等的现代化，人们的消费空间不再局限于物理空间，由此而催生了线上消费的巨大发展，线上消费、线下体验已成为当前消费文化变迁的重要特点；由于城市生活方式对金融产品天然的、内在的需求，因而对消费的体验也不再受制于即时消费所带来的需求满足，而是通过各种金融工具开始享受超前消费所带来的便利。

但是，在持续深入的城镇化进程中，消费文化的变迁也出现了一些病态的、"最不合情理"和"最不可理喻"也是最值得警惕的情况，这就是消费的符号化、消费的自我构建化和消费主义等趋势的迅速扩散。消费者消费商品考虑更多地已经不再是其使用价值对消费者的满足，而是商品品牌等的象征意义和符号价值，即使如住房等此类功能上属于生活必需品、类型上属于不动产的财产性消费资料，也越来越偏离其使用价值的原始、本质功能，而逐渐走向"不动产的动产化"，住房的使用价值越来越被其交换价值所掩盖，住房的各种符号性功能越来越多地左右着消费者购买商品住房的动机；越来越多的消费者通过消费来实现自我与他人的区分，通过消费来获取或重塑自我的主体性，城镇化进程加速了这一消费文化的异化，因为城市生活本身就比乡村生活预设着更多的个性与自由，然而实际城市生活巨大的生活成本和工作压力却不断地消减着实现个性自由的通道和路径，而最后城市强大的商业气氛和庞大的消费空间给消费者提供了这样一个现实的实现自我和个性差异的途径，即消费；追求通过无度的消费、奢侈的消费、时尚的消费来获得高于他人的社会存在感，通过消费来彰显人生价值和意义，陷入消费主义囹圄。显然，和乡村生活相比，城市生活从一开始就增加着各种生活的成本，城市生活主体的收入差异也高于乡村，类似大卫·哈维所描述的城市高档社区和贫民社区的"双城"效应也是现代城市生活的一个较为普遍的现实存在，这种被某种意义上强化了或扩大了的贫富差距，在血缘、地缘关系淡化的城市中增强了消费主义存在的意义，成就了奢侈消费带来的高于他人的社会存在感，也吸引了更多人对其进行模仿与崇尚。

当然，毫无疑问，中国当前消费文化的基本面是积极的、正面的、向好的，但是一些消极的、负面的、畸形的消费思想也表明资本主义消费文化影响的加剧，这于社会主义消费的本质而言，已构成消费文化异化的风险。在未来的城镇化中，我们要消解致使消费文化异化的因素，规避消费文化异化的潜在或现实风险，通过社会主义的、健康的、新型的城镇化来引导消费文化健康发展。

第五章
城镇化与消费文化的未来走向

回顾前几章的内容，本书探讨了城镇化影响消费文化变迁的路径，并对城镇化与消费文化变迁的历史关系和现实关联进行了梳理。当前消费文化是从传统消费文化转型而来，转型之动力则是城镇化的推动与发展。苏格兰作家斯蒂文森曾说过，"只有知道了通往今天的路，我们才能清楚而明智地规划未来"，在分析了城镇化与消费文化变迁的机制所在之后，我们回顾传统消费文化、指明当今消费文化，都是为了更好地阐明过去如何变成现在，今日又将如何走向明天。因此，对于城镇化与消费文化的未来走向也必定是本书需要进行思考的重要组成部分。

城镇化通过生产方式和生活方式两个中介对消费文化产生影响，回顾传统消费文化与当前消费文化，我们发现，生产方式和生活方式变更既是促进消费文化向前发展的动力，同时也是消费文化产生异化现象的原因所在。毫无疑问，中国当前消费文化的基本面是积极的、正面的、向好的，但是一些消极的、负面的、畸形的消费思想也客观存在，我们引导消费文化健康发展还是要从生产方式和生活方式革新来着手。

第一节　生产方式革新构建健康消费文化

2013年中央城镇化工作会议对新型城镇化提出了具体要求，即"依托现有山水脉络等独特风光，让城市融入大自然，让城市居民望得见山、看得到水、记得住乡愁"。这个要求归结起来就是强调未来城镇化的生态性特征。城镇生态化是未来城镇化的发展方向和本质特征，只有实现这一目标，才能对健康消费文化的构建产生积极、正面的影响。而要实现这一目标，必须从生产方式的革新入手。

当前城镇化取得了巨大成就，也出现了诸多问题，诸如环境问题、大城市病问题、城市公共产品短缺问题等，这些问题反映在消费文化上，则导致消费文化出现了消费符号化、消费主体构建途径缺失、消费主义等异化现象，如果从生产方式角度来寻找根源，我们会发现，当前需求侧主导下的生产方式是城镇化问题和消费文化异化的重要原因之一。

一　需求侧主导的生产方式容易导致消费文化的异化

（一）从量的角度来看需求侧主导的生产方式容易带来消费文化的异化

需求侧关注的是投资、消费和出口，特别着眼于在投资方面量的增加。在改革开放后的三十年中，我们变革生产关系、调整所有制结构、优化生产要素的组织形式等，带来了生产的进步、经济的发展以及产业结构和消费结构的升级，但是由于过度倚重于投资刺激经济的增长，社会经济发展容易流于生产主义。生产主义源于资本主义社会，认为生产决定一切，扩大生产就可以解决一切问题，生产主义一方面会带来投资的过剩，进而导致产能过剩；另一方面，过剩的投资需要大量的消费来消化产能。

中国进入城镇化的快速发展阶段已有十余年，这些年通过大量的房地产投资、城市空间的生产，为城镇化的建设带来了很多可喜的成绩，然而正是因为需求侧主导下的大规模投资建设，也为当前城镇化带来了很多问题。社会主义社会下的消费原本是满足人们日益增长的物质文化需求，但是在生产主义的逻辑下却容易变成促进经济发展和消化过剩产能的途径和手段，从而导致消费文化的异化。社会主义空间的生产其本质目的应放在空间的"使用价值"上，让人们居有定所是社会主义房地产业应有的价值取向，但是由于一定程度上的资本主导，城镇化某种意义上、某些层面上，成为资本城镇化，房地产业的发展围绕着空间的"交换价值"来进行，人们把生存、生活的基本空间当作金融产品来投资，住房的使用属性让位于交换属性，越来越多的企业建房、越来越多的人囤房，也有越来越多的人没有房，使得房屋变成了耐用消费品、奢侈消费品和攀比、投机所用的商品。这当然容易引起消费文化的异化现象产生。

　　当然这里需要澄清一点，并不是说只要注重消费对经济的促进作用即是生产主义，生产决定消费，消费反作用于生产，这是马克思明确揭示了的生产和消费的辩证关系，我们在此说的生产主义是将消费的目的和意义仅限于促进生产的发展，也正是从这个角度来说，消费主义是生产主义的一种延续，也是过于注重投资的粗放发展模式下所决定的一种价值观。而生产主义其实质遵循的依然是资本的逻辑，是资本控制下的生产。资本的逻辑是逐利的逻辑，资本先是追逐利润高、产出快的行业，从而带来这些领域的产品出现量大、质同的问题，在批量生产、以量取胜的市场环境下，量大质同并不会为资本逐利带来太大的障碍，但是随着消费者需求的升级，许多企业的应对之道不是从产业创新的角度来改进产品，而是通过渲染产品的符号意义，从而将消费推向符号化，在此过程中，生产的逻辑在形式上让位于消费的逻辑。鲍德里亚对于商品符号意义的研究较为人熟知，按照鲍德里亚的理解，我们当下的社会其生产逻辑已经让位于消费逻辑，而在消费逻辑当中，意义和符号尤为重要。然而，"商品的意义来源于它们在符号的制作和再制作这一延续过程中的位置"[1]，因此，我们的社会已从商品占主导转向符号占主导，商品生产转向了符号生产、编辑与运作，对商品的占有也从使用价值转向了符号价值，而这一转变的实现从某种意义上讲是由需求侧主导的生产主义思维方式所推动。

（二）从结构上来看供给的结构性问题是消费文化异化的重要诱因之一

　　在改革开放的一段时间里，产能对 GDP 的拉动作用成为衡量其有效无效、质劣质优的重要标准，对于生产总量提高的渴望本是基于长时间短缺经济桎梏下的一种释放，也正是因为一段时间以来我们对生产扩大、产量提高的追求，才使得我们的人民能告别普遍的短缺，实现总体的小康，但是由于经济发展的路径依赖使然，尽管我们反复强调科学发展、绿色发展、循环发展等新的发展理念，然而生产上的结构性问题始终没有得到很好的解决。进入新世纪之后，经济发展过程中各种无效供给、低端供给严重过

---

① 〔美〕西莉亚·卢瑞：《消费文化》，张萍译，南京大学出版社，2003，第64页。

剩而中高端供给却明显不足，这促使人们在消费上出现很多新的趋势，如海淘的兴起。海淘原本是通过购买海外产品来弥补本土产品在功能、特性上的一些不足，既无可厚非且合情合理。但是越来越多的人热衷于网上的海淘、出境旅游的狂购等，一方面是我国人民收入提高的必然结果，另一方面也是我国产品品质、结构的问题所引发。我国当前面临的产能过剩是结构性过剩，结构性过剩的另一面就是结构性短缺，我们一方面在重复着同质低端的产能，另一方面在面对升级后的消费需求显得无所适从。而竞相购买海外产品所带来的问题绝不仅限于本国产品的市场份额的流失，而是本国人民生活方式的重塑。西方发达国家在进入后工业社会以后，生产方式从福特主义发展到了后福特主义，定制生产、个性消费成为其社会经济的重要特征，因而，即使是主体功能完全相同的产品，不同国家的生产也能体现不同国家的文化、价值观和生活方式。消费文化本质而言就是一种物质文化，即附着于物质产品之上的文化。换言之，海外购物购买的不仅仅是别国的商品，还有附着于产品之上的别国文化观念、意识形态、生活方式和消费文化。加之，总体比较而言，海外商品价格相对更高，体现的奢靡、享受之风也更浓，所蕴含的品牌内涵和象征意义也更为倾向于社会等级的分化以及个人身份的区分等，可以说，这种由于国内商品结构性供给过剩与结构性供给不足共同导致的海外购物兴起所引发的生活方式、价值观念、消费文化的逐渐西化是炫耀性消费、符号性消费、消费主义的重要诱因之一。

（三）从个人在生产中所处的地位来看部分企业、行业的福特制生产方式盛行导致个人主体性构建途径的缺失，进而引发消费文化的异化

改革开放的一段时间里，我们依赖于人口红利，大量进行劳动密集型产业的投资与开发。在劳动密集型企业中，福特制是最有效的生产管理模式，如富士康公司等。这种生产方式，每个人在生产中的位置固定，工序机械简单，即使是许多现代企业的白领，其工作性质在生产中也是没有主动性、主动权可言。我们知道，每个人的生活时间可以分为工作时间和工余时间，生活空间可以分为工作场所和非工作场所。马克思曾指出，"人们自觉地或不自觉地，归根到底总是从他们阶级地位所依据的实际关系

中——从他们进行生产和交换的经济关系中，吸取自己的道德"。① 换言之，工作时间和工作场所不仅在量上是其生活时间和生活空间的重要组成部分，而且还是起决定性作用的关键部分，但是在这些关键时间和空间里，人们很难获得体现其主体性的途径。人们只有将构建其主体性的途径放置于生产之外，于是将目光投向了消费，因为消费看上去是个人自主的选择、自主的行为，但是令人遗憾的是，在当前生产方式的运行下，消费仍然体现的是生产的逻辑，受资本的控制。标准化生产、批量生产带来的是大量的同质产品，城镇化过程中城市的拉力不断促使人们从农村走向城市，原本在农村或许还能体现些许个性差异的住宅，在城市也都是标准生产，精神消费的文化产品也是同质的文化产业批量生产所得，甚至在生态旅游产业的驱动下，所有自然风光都越来越体现了统一的标准化建设模式，人们在生产进步、收入增加、环境变迁之后所期望的心理上的归属感缺失，渴望拥有主体性而成为生活真正的主体的愿望难以实现。人们只有跳出大众消费，通过自我购买力上的差异，来实现个体身份的区分。于是，一些奢侈品、严重夸大的符号化的概念消费品成为人们自我构建的有效方式和途径。而在这一过程中，广告等现代传媒推波助澜，将商品与消费者的审美、气质、身份联系起来，用美学的知识来代替技术的创新，用虚浮的概念引导消费者自愿、主动地将消费符号化，让消费变成消费者自我构建、自我创建的重要途径和形式。我们可以通过一段 2016 年汽车广告的台本来印证这一点："当你要做出一个选择，你是在选什么？其实你是在选择你自己，所有人，都将通过你的选择审视你，你选择的车，让别人看到你的样子，你的经历，甚至你的未来。一部座驾，一种人生。"② 广告词很明确地指出消费者所购买的商品和其品位、风格、身份、阶层的联系，暗示消费者的消费行为其实就是自我选择、自我构建的行为。我们一方面对部分人将消费作为自我构建的途径提出批判；但另一方面，也不得不指出，这对于很多人来说也是由于主体构建途径缺乏的无奈之举。

---

① 《马克思恩格斯全集》第 20 卷，人民出版社，1971，第 102 页。
② 参见上海大众 2016 年 1 月 18 日发布"帕萨特"新款车型的电视广告。

二　供给侧改革：引导生产生态化和消费文化回归健康发展之路的必然选择

供给侧有劳动力、土地、资本、创新等要素，供给侧改革就是要调整经济结构，提高全要素生产率，以实现经济在质和量上的增长。供给侧改革是生产要素组合方式的调整与变革，是生产方式的转型与升级。而生产方式的转型必然对消费文化变迁产生影响，更优的生产方式能消解消费文化异化，实现消费文化的健康发展。

（一）创新是供给侧改革的核心灵魂和根本动力，更是消解消费文化异化的法宝

供给侧改革旨在通过技术创新以及各项体制机制的创新来提高全要素生产率，创新是未来经济发展的新动力，也是可持续发展的保障。但是创新的意义并不仅限于此，创新可以通过两个途径来消解消费文化的异化。一是创新为人们提供了实现自我、构建自我的有效途径。创新的内涵丰富，包括技术创新、管理创新、制度创新、产品创新等，以企业为例，在需求侧主导、资本逻辑控制下的生产方式中，很容易陷入熊彼特所指出的"创造性毁灭"陷阱。如果企业缺乏创新，其员工在工作中的主动性和积极性是受限的，其产品也不能真正针对消费者差异万千的个性化需求，企业为了体现差异化而在产品之外的意义和品牌故事等方面下足功夫，结果是企业员工作为生产者时缺乏展现自我、实现自我的有效途径，作为消费者时也缺乏真正满足个性消费的定制化产品。然而，在供给侧改革的过程中，"大众创业、万众创新"成为社会的主流意识，政府为大众创新进行了各种先期的体制机制创新，降低了创新的成本和门槛，"人人创新"不仅是口号，更成为可能。在创新的过程中构建自我是一个复杂的系统性过程，英国学者伊恩·伯基特在谈论"社会性自我"时指出，"作为个体，我们本身也是多重的：当我们身处自己行动的不同情境，并不完全是同一个人。"①在一个"人人创新"的社会中，每个人在不同的情境中，可以塑造不同的自我，在工作中、生活中都可以通过自己不同方面、不同层次的创新、创

---

① 〔英〕伊恩·伯基特：《社会性自我》，李康译，北京大学出版社，2012，第4页。

业来构建自我和重塑自我。不仅如此，当创新成为一种生活方式，创客遍布社会各处，人们在社会交往中可以通过创新而形成一些新的关联，在"通过扩展与他人之间的关联，无论是实存的关联还是想象的关联，人们接触到越来越多的社会差异和个体差异，在塑造自我时，有更加广泛的样板可供借鉴。"① 因此，人们不再需要通过消费来区分自我、实现自我、重塑自我，而是可以通过各种形式、各种层次、各个领域的创新活动、创新大赛、创业致富等来实现创意生活、不同人生。二是在全社会普遍性的创新过程中，传统意义上的时尚逐渐消亡，人们失去追逐时尚的动力与意义。在一个创新缺乏的社会环境中，时尚的制造既有必要又有可能。时尚一般不是由技术上的革新所带来，而是由美学上的新认识所导致，德国哲学家西美尔认为，社会中拥有较高社会地位的人制造、引领时尚，并以此来彰显自己的社会优势地位，而大众为了提升自己的社会地位，也会刻意模仿上层社会的时尚，消费主义正是在这样一种制造与模仿的渠道中得到扩散和发展。但是在一个全社会普遍创新的环境下，技术创新所带来的功能革新、产品设计创新所展现的新创意随处可见，人们在生活便利、舒适的同时很容易兼具美学意义上的感官体验。而且在一个普遍创新的环境下，创新的成本在不断降低、创新的障碍在不断减少、创新的收益在不断明确、创新的形式在不断丰富，原先所谓的时尚实为虚假的时尚，随时可以被新的创新所打破和取代，时尚的转换周期越来越短，制造和模仿一个瞬间即逝的时尚，既无意义也无动力。在创新社会，真正的时尚是创新，创新是新思维、新方式、新元素、新结构的综合体现，无所谓模仿与复制，只要是模仿便不再是创新。

（二）"去产能""去库存"是供给侧改革的当务之急，培育新兴产业是供给侧改革的现实路径，二者是弱化消费主义的利器

消费主义在我国之所以能存在，既有外部原因，也有内部因素。从外部来讲，经济的全球化，加速了西方发达资本主义消费主义思潮向我国的输入，资本控制下的消费主义为全球资本主义服务，是先进资本主义国家对发展中国家进行经济控制的一个有效手段；从内部因素来看，较长一段

① 〔英〕伊恩·伯基特：《社会性自我》，李康译，北京大学出版社，2012，第15页。

时期以来的经济刺激、投资过热带来了许多领域的产能过剩,我们需要鼓励消费来消化产能、促进增长,在鼓励消费的过程中,缺乏对健康消费的正确引导和宣传,以至于在部分人心中对鼓励消费进行了简单的庸俗化理解,认为"消费就是好事""消费就是有利",这给消费主义留下了部分生存空间,并且在一些传统价值观、核心价值观引导不够充分的地区和人群间有愈演愈烈的趋势。然而供给侧改革,强调"去产能""去库存",优化和调整产业结构,通过减少无效和低端供给,扩大有效和中高端供给,增强供给结构对需求变化的适应性和灵活性,也就是说我们的供给会越来越符合需求的变化,会减少结构性过剩和结构性短缺出现的情况,在供给和需求有了更多适应性和灵活性条件下,消费回归到了满足人们物质文化需要的本质当中,人们既无须为消化产能而被迫消费,也不会因结构性短缺、无效供给、低端供给而将就消费,消费主义自然失去其存在的土壤。而在"去产能""去库存"的同时,我们要培育新兴产业和业态。这种新兴产业的方向必然是生态的、可持续的,既立足当前又着眼长远。消费主义本质上是生产主义的延续,马克思曾指出,"一切生产都是个人在一定社会形式中并借这种社会形式而进行的对自然的占有。"① 换言之,消费主义价值观和生产主义价值观在人和自然的关系上体现的是对抗性,是一种机械的、人类中心主义的自然观。如果从人和自然的关系着手来实现人和自然的和解以及人和自然的和谐,那么也就从根本上动摇了消费主义价值观。供给侧改革过程中通过新兴产业(如新能源、新科技等)的培育和发展,必然引领消费文化走向消费生态化,这里需要指出的是,消费生态化不是要退回茹毛饮血、无可消费的原始社会,而是在保护生态、可持续发展的前提下,通过供给与需求的灵活适应来提高人们的生活水平。

(三)增加公共产品和服务供给是供给侧改革的重要抓手,也是引领消费文化健康发展的有效方法

公共产品和服务类似于法国社会学家卡斯特尔斯所指的集体消费品。卡斯特尔斯认为集体消费是对不能被分割的产品和服务,如交通、医疗、

① 《马克思恩格斯选集》第2卷,人民出版社,1995,第5页。

休闲设施等集体消费品的消费。① 随着经济的发展，逐步增加集体消费品的供给是世界各国较为普遍的做法。集体消费品供给的增加对于消费文化的影响我们需要辩证地来看待：一方面，集体消费品中的一部分（公园、图书馆、广场等），几乎都是免费供人们使用，这类产品的消费是无任何门槛的，和其他一些会员制的高档娱乐会所相比，这些集体消费品不会助长奢侈消费、等级消费的观念，这些物质产品之上所附着的消费文化是平等的、和谐的、健康的，并且由于集体消费的增加，个人就可以相应减少私人消费的部分，减少在私人消费领域中的攀比消费、无度消费之风；另一方面，西方社会确实因为集体消费品的供给而对消费文化产生了误导的情况。如对高速公路这一集体消费品而言，辩证地来看，一方面，高速公路为整个社会经济发展提供了物流基础设施的保障，为人们生活空间的扩展和生活时间的缩短提供了切实的帮助；另一方面，由于人们在拥有私家车之后能更自由更充分地享受高速公路给个人带来的便利，而汽车品质越好、档次越高，这种极速体验的感受就会越强。这其实是在变相地推动对汽车，特别是对高档汽车的消费。因此，我们在供给侧改革中所讲的公共产品和服务还不能完全等同于西方社会的集体消费品。我们在提供公共产品和服务时需要注意以下两点。一是尽可能少地给公共产品的消费设置各类门槛，如由于医疗资源相对不足，而对享受医保的人群进行地域、职业、职务上的划分，再如，对义务教育的享受人群进行户籍上的区分等，这些门槛容易使得在公共产品和服务的消费上产生消费等级的差异，未来供给侧改革过程中所提供的公共产品，目标应该是现实最大限度的普惠性。当前，正是由于医疗、教育等资源的不足以及此类公共产品供给的不充分，导致一些民营的医疗机构、教育机构所提供的产品有奢侈消费之嫌。当然，并不是说这类领域就要排除民间资本，事实上民间资本进入这些领域，为人们生活水平的提高带来了很大的促进作用，但是也有一部分贵族式的医院、学校等所提供的服务价格高昂，并且将在此类机构接受服务和社会身份、等级相联系，从而助推了消费主义和奢侈消费的扩散。二是公共产品和服务的供给要尽可能避免无效供给，增强供给结构对需求变化的适应性和灵

---

① 夏建中：《新城市社会学的主要理论》，《社会学研究》1998 年第 4 期，第 47 页。

活性。不仅是企业提供的产品存在无效供给的问题，事实上一些公共产品也存在类似的问题。比如有些人口几万人的县城，却建设了大型的歌剧院、博物馆等公共服务设施，博物馆、歌剧院等公共产品本身对消费者具有一定的要求，在人口总量很少、消费层次还未达到这一阶段的地区，将大量宝贵的公共资金放在此类公共产品的提供上，其对当地居民生活水平的提高和消费生活的改善并不明显。这些公共产品对于那些地区而言本身就是符号意义大于实际意义，这对于消费文化的引导并非有益。

我们还应看到，消费文化的健康发展也将对供给侧改革的顺利推进形成巨大的反作用。如果消费文化是健康的、积极的、向上的，必将反推并要求其供给结构是生态的、绿色的、可持续的；如果消费文化是网络化、服务化的，必将带动各产业与"互联网+"有效结合，从而把经济发展模式向服务经济推进；如果消费文化是体现人的自由全面发展的，必将促进供给侧改革做到以人为本，以人民群众的真实需求为本，进而助推创新、协调、绿色、开放、共享发展理念的实现。正如习近平总书记指出的，"供给侧结构性改革，既强调供给又关注需求"①。因此，我们要坚持将供给侧改革和需求侧管理结合起来，运用供给侧改革来矫正需求侧积累的问题，也通过需求侧的改善来推动供给侧的改革。

第二节 生活方式革新构建健康消费文化

生活主体是生活方式诸要素中最活跃的因素，也是最为关键的因素，消费文化的异化或健康发展，其中主要原因之一就来自消费者自身。正如前文所述，消费文化的异化会消解消费文化自我防御、自我觉醒、自我创建的现实路径，这是因为生活主体已先于消费文化发生了异化。这一辩证认识构建了我们今后处理、协调城镇化与消费文化变迁的指导性原则。换言之，从生活方式的角度来构建健康消费文化的出发点和落脚点都应放在消费主体之上。

---

① 习近平：《在省部级主要领导干部学习贯彻党的十八届五中全会精神专题研讨班上的讲话》，人民出版社，2016，第29~30页。

一 现代城镇化某种程度上禁锢主体自由而全面发展进而诱发消费文化异化

（一）现代城镇化影响生活主体对城市的"集体记忆"

伴随着改革开放的广度和深度在不断向前推进，中国的城镇化也越来越广泛和深入地融入全球化的浪潮之中。在这样的背景之下，一些城市的城镇化进程不自觉地受到了资本主导的观念、文化的干扰和影响，一部分人错误地把"西式的"理解为"现代的"，把"传统的"对应为"落后的"，在这样的城镇规划与城镇建设过程中，许多城市正在逐步丧失"中国式"和"中国味"。没有了以中国城市的历史与"集体记忆"为基础和依托，城市文化乃至城市消费文化都容易陷入困惑与迷茫。城市的消费文化正在经历一个艰难的自我形塑与自我觉醒的历程。

1. 消费文化全球性融合是当前的一个大的历史背景

中国进入改革开放时代后，经济融入全球化的同时，消费文化突破了民族的、传统的边界，社会开始从一元文化的单向度社会转向多元文化语境的多向度社会。英国学者迈克·费瑟斯通指出，全球化进程同时呈现出两种文化的形象。"第一种形象是某一种文化向外扩展至它的极限而达至全球。异质的文化被吸纳和整合进这种最终遍及全世界的主导文化当中。第二种形象则是不同文化的浓缩，以前相互远离的事物现在彼此接触并共存一处。"① 改革开放后，在西方资本进入中国的同时，其消费文化的核心价值观念和思想体系也逐渐融入了中国人的思维之中。而在城镇化过程中，许多伴随一代人甚至几代人成长的有关"吃穿用度"的老店、老地方正在新的城镇规划和建设中不断消失，人们对城市原有的集体记忆越来越模糊甚至出现断裂，而这些集体记忆中就包括原有消费文化的元素。如老北京的"大茶馆"、"清茶馆"、"书茶馆"、"棋茶馆"、"野茶馆"、"避难茶馆"、旧式"梨园"等，这些既是人们对老北京的城市记忆，也蕴含着老北京人对生活、消费、人生的态度和智慧，而随着各式茶馆、梨园的拆迁倒

---

① 〔英〕迈克·费瑟斯通：《消解文化——全球化、后现代主义与认同》，杨渝东译，北京大学出版社，2009，第8页。

闭，街道上代之而起的是各类咖啡馆、西式快餐店、大型院线影院等，消费文化自然容易呈现西式的特征。在这个过程中，许多原本习以为常的消费文化、心理、观念，因为和现实生活的城市空间、城市文化不同而不被理解，进而不能被记忆和传承。消费文化正是这样随着人们对历史空间和历史记忆的梳理中得以重构，这种反思与重构在某种程度上恰恰意味着现有消费文化对传统消费文化价值观的背离。中国文化以及根植于此的社会思潮失去自己的物质载体和思维中心，在全球化巨大冲击下同时也失去了其自身的连贯性与整体性。

2. 西方消费文化及其价值观加速对中国传统消费文化的改造

西方消费文化不仅是对中国消费文化进行冲击或者客观上要求融合的问题，更以其资本的强势地位及中国在改革开放之初在全球市场中的弱势地位，通过全球化的商品生产与流通加速着对中国消费文化的改造。西方文化的当前阶段正处于后现代主义的旋涡，其主要特征之一就是高雅文化与大众文化之间的区别在民粹主义当中坍塌。① 后现代主义最有影响的学者詹明信也曾指出，在破碎的符号与影像的轰炸下，个人的认同感垮掉了，这些符号将过去、现实与将来之间所有的连续感统统抹掉。而伴随着个人认同的坍塌，人们的主体性自觉遭受到了前所未有的挑战。城镇化为外来产品的进入开辟了新式的、西式的、专属的消费空间，在这些消费空间中，"简约的"被"奢华的"取代、"古朴的"被"现代的"挤压、"婉约的"被"激进的"冲击，而在这些消费空间中所充斥着的产品以及附载在这些外来产品上的一些理念，对我们的消费文化产生了极大的冲击，将我们的过去、现在与未来社会理想之间的所有连续性切断，随后，各种非主流的消费观念开始泛滥，例如符号消费、金钱至上、消费主义等，获得了极大的市场。

（二）现代城镇化一定意义上会造成生活主体的主体性缺失

在城镇化的过程中，资本逻辑和工具理性一定意义上存在并发挥着很大的作用，这使得人们的社会关系呈现出一定的物化倾向，而"消费社会"的历史发展阶段又加剧了人们对财富和消费的个人追求，一些人则由于对

---

① 〔英〕迈克·费瑟斯通：《消解文化——全球化、后现代主义与认同》，杨渝东译，北京大学出版社，2009，第62页。

物质消费的痴迷而为物质所奴役。现代城镇化与现代工业化强调越来越明细的社会分工，而这种明细而固化的社会分工将"活生生"的人变成了"工具"，越来越多的生活主体在城镇化和工业化的步伐中被逐渐"抽空了人的主体意识"，从而导致了人的主体性缺失。

城镇化不仅带来了现代化的都市空间，同时也活跃了现代性的商品经济。商业化、市场化、自由化的经济、文化特质使现代人们的生活被迅速地物质化、同质化，甚至在精神上出现了某种程度的腐败与堕落，但这种腐败与堕落不是因为城镇的现代性不够发达，而恰恰是现有的现代性导致了人和自然关系的疏离，人与人自身的分离，这种人与自我的分离即是人与自我本性的区隔，也是主体性缺失的重要原因，从而导致了现代人的"日常生活角色"与"人性本我"的背离。

由于现代日常生活的日益复杂化，人在日常生活的角色定位通常是多面的、复合的甚至是相互矛盾的，而人的本性、人的主体性是要求形成一个独立的、完整的个性自我。这样的矛盾就容易导致现代都市人们的人格分裂。"都市空间的营造不仅没有带来人的全面发展，反而因为对物质的依附造就了单向度的人格，取消了人的丰富性发展。"① "在各种规模的都市空间规划中，人失去了对于空间的拥有权，而变成了各种交通工具的天下，特别是发达交通工具的天下。人对都市空间拥有权的逐步削弱直至丧失的过程，也就是都市空间中的场所精神逐步削弱直至失落的过程。"②

（三）现代城镇化一定意义上会导致生活主体的主体性受压抑

总体而言，到目前为止社会主体的主体性是受压抑的，当前社会主体的自我建构既是对原有主体性的解构，也是对新特性的建构，城镇化对原有社会主体的主体性进行了消解，但并没有提供人们重构主体性的现实路径，人们缺少重构自我主体性的渠道和方式，而通过最简便最直观的消费来完成对自我主体性的获取则成为现实可能的方式。

我们可以简单回顾一下中华人民共和国成立以来社会主体在消费层面

---

① 郑崇选：《马克思主义理论与都市文化的生产》，载杨剑龙主编《都市文化》，上海人民出版社，2014，第 101 页。
② 郑崇选：《马克思主义理论与都市文化的生产》，载杨剑龙主编《都市文化》，上海人民出版社，2014，第 102 页。

上主体性的演变轨迹。新中国成立以后，伴随着社会经济发展起伏跌宕的是中国人口持续而快速的增长，中华人民共和国成立后到 20 世纪 90 年代初期，中国社会普遍地处于短缺经济的特殊均衡状态之中。在这种状态下，物质的匮乏压抑着主体以致其在消费层面上难以获取全面的功能性，由于这种压抑是客观的、可凭经验的，笔者把这一时期主体性压抑称为"经验压抑"（或"直观压抑"）。"经验压抑"阶段在生产方式上体现为消费对生产的从属，在生活方式上体现为个体生活对集体生活的依赖，在消费观念形态上体现为对消费的不安与自发的禁欲。随着中国经济的发展，外资的引进、市场经济体制的建立，中国经济在打破原有特殊均衡的同时也逐渐告别了短缺经济的时代。到 20 世纪末，曾经受到长久压抑的消费需求在物资日益丰富的市场上以非理性的"欲望"形式出现，但是由于中国二元经济结构的对立、贫富差距的客观存在以及教育、养老、医疗等配套政策的不尽完善，使得人们不得不在非理性的"消费欲望"与现实的消费能力的碰撞中做出选择，从而将非理性的欲望置于理性的指导下，即使主体在当时同时具备消费欲望和消费能力，但在未来的教育、养老等问题诸多不确定性的影响下选择了理性的禁欲，这一时期，主体在消费层面上的功能性获得依然面临着巨大挑战，笔者把这一阶段的主体性压抑称为"理性压抑"。"理性压抑"阶段在生产方式上依然是消费对生产的从属，但消费对生产的反作用明显增强；在生活方式上表现为集体生活的逐渐解体、个性生活的逐渐兴起以及传统生活方式和西方生活方式的博弈；在消费观念形态上则表现为消费主义的兴起与理性禁欲的并存。

进入 21 世纪，中国经济进一步发展，在几十年经济快速发展的积淀基础上，中国社会开始进入所谓的"丰裕社会"，人民的收入客观上得到极大的增长，人们理性节制的"欲望"被逐渐释放，欲望的急剧释放所导致的后果便是"虚无"。人们对物品消费的关注点开始从物品的使用价值转移到脱离物品使用价值的"虚无"，即物品品牌、价格所代表的意义，人们主体性的建构开始依赖于物的占有以及符号、意义的获得。鲍德里亚有一句名言："告诉我你扔的是什么，我就会告诉你你是谁！"① 这句话的另一层意思

---

① 〔法〕让·鲍德里亚：《消费社会》，刘成富、全志刚译，南京大学出版社，2008，第 21 页。

也可以理解为，"你为了让自己成为谁所以你扔掉了什么"。换言之，人们主体性的构建是迷失在"品牌""符号"等"虚无"的奴役之中，笔者称此为"符号压抑"。"符号压抑"阶段在生产方式上表现为以生产占主导让位于"以消费占主导"；在生活方式上表现为传统的生活方式让位于西方生活方式；在消费观念形态上表现为使用价值的消费让位于自由主义的个性消费与符号消费。由于个体主体性长期受到压抑，人们开始急切地想要对自我进行重构，但就目前而言，这种重构的基本路径就是对传统主体性以及与之相适应的生活方式、消费方式的解构，取而代之的是现在西方（后现代主义）的生活方式与价值观念。此种主体性的重构标志着"消费社会"在中国的勃兴，而从"经验压抑"到"理性压抑"再到"符号压抑"同时也预示着主体重建的否定之否定形式的第一阶段的完成。"符号压抑"对"经验压抑"在内容上并未对其所展示的矛盾给予完全的解决，甚至在生态视野下这一阶段可能会引发更为严重的问题，但在形式上至少经历了"三段式"发展的第一个完备过程。对于"符号压抑"阶段，我们不能全盘地批判与否定，因为事物的发展不是一蹴而就的，曲折过程中出现暂时的停顿甚至倒退都是正常的，也正是基于此，我们认为主体自我建构的趋势是螺旋式上升的，其过程必然是无限推进的，这就需要我们对"符号压抑"进行新的扬弃与引导。

二 未来城镇化应从人的自由而全面发展着手引导消费文化健康发展

（一）未来城镇化之下人的自由全面发展与生活生态化

马克思认为人要全面发展首先是个人的生活要和个人的意志相符合，也就是说，生活中的角色和个人的本性是统一的。人的全面发展，不仅是由人自身来决定，不仅是个人自身的感官、能力获得自由而全面的发展，而是要使得个人的现实生活获得全面的发展。个人的生活是在社会空间中完成的，是个人全部社会关系和社会观念的具体体现，因而人的全面发展还必须在社会空间的和谐融洽中才能得以实现。而社会空间的和谐融洽是和物理空间不可分离的，外部世界、生活空间对社会空间的影响不言而喻。马克思认为，"个人的全面发展，只有到了外部世界对个人才能的实际发展所起的推动作用为个人本身所驾驭的时候，才不再是理想、职责等等。"①
换言之，要求外部世界与个人内在世界的统一，而人本身又是外部世界的
一部分，因而也就做到了"人既是工具又是目的"，个人既是他人实现自我
的工具，他人也是个人实现自我的条件。每一个个体都是独立的、健康的、
自由的、全面的，这就要求我们的城镇空间的规划与生产做到"以人为
本"，以每一个现实的、真实的、具体的个体为本，而不是以资本或其他
为本。

　　而在现有的城镇化之中，个体的创造性、共享性、超越性特征在逐渐
丧失或弱化，人与人之间的主体性塑造很大程度上体现为一部分人对另一
部分人的符号学、美学意义上的模仿，而这种模仿的具体途径在日常生活
中又很大程度上由消费行为来实现。这样的结果就会导致真正的独立的个
体性的消失，以及从众的、批量的、同质的个性在崛起。即消费文化更多
地表现为盲从，而丧失了其本质上应有的价值维度和个体创造性所表征出
的反思、激情与活力。消费文化与个体之间失去了最为良性的互动，而是
呈现出相互的背离，消费文化作为人本质力量的一种却异化为束缚人们消
费生活和日常生活的异己力量，站在了个体主体性的对立面。消费文化的
异化最终导致的结果是人作为生活主体的异化。要引导消费文化的健康发
展，消解消费文化的异化，首先就要实现人的主体性觉醒，人与消费文化
的和解，人与消费文化的统一。

　　具体说来，就是要倡导人的新的生存方式，这一新的生存方式不仅是
生活方式的新形态，也是消费方式的新状态；这种生存方式是人之为人的
自觉的生存方式，也是人与自然、外部世界、物理—人工空间的和谐相处
方式；这种方式和外部世界相连，但是其本质力量在人自身之中，在人的
日常生活理念和行为方式之中，也就是说，消解人的异化还必须通过人自
身的力量才能起作用，这种生存方式归结起来，就是"生活生态化"。生活
生态化不仅可以消解消费主义、资本控制的"交换价值主导空间生产、物
质生产"，同时对人的主体性塑造也具有十分重要的意义，因为，主体是通
过其自身生活实践方式的改变而重新塑造生活、重构社会关系、实现自由

---

① 《马克思恩格斯全集》第 3 卷，人民出版社，1960，第 330 页。

全面发展，从而最终实现人的"总体性"。未来的生活空间应该是同时服务
于人们的物质生活和精神生活的健康的、绿色的物理空间，同时也是人作
为人类社会生活和历史创造者与实践者的创造性、享受性和超越性统一的
社会空间。个体在这样的空间中才能完成人的主体性建构以及自我人格的
重塑，从而使之成为自由的、全面的、独立的、深刻的、健康的、超越旧
我的个体。

（二）未来社会主体的自我建构与消费文化的健康发展

1. 辩证看待"符号压抑"下主体自我建构性消费对"消费社会"
发展的影响

一方面，我们要肯定主体自我建构性消费对"消费社会"有序发展的
意义。自我建构性消费是对主体在消费层面上出现的主体性"经验压抑"
辩证否定的一个重要环节。自我建构性消费虽然没有彻底使主体摆脱"符
号压抑"，使主体获得完全的功能特性和自由，但相比欧洲中世纪的宗教禁
欲、马克斯·韦伯所谓的新教伦理禁欲非理性消费而言，它肯定了消费对
于人们生活、生产的重要意义，这一点符合中国当下经济发展的需要。同
时，自我建构性消费也不同于简单的非理性消费，完全的非理性消费不但
不会给经济社会发展带来长久、可持续的促进作用，反而会把"消费社会"
引向歧途。特别是在当前城镇化的发展过程中，主体自我建构性消费有利
于城市文化产业与城市大众文化的发展。另一方面，主体建构性消费的弊
端也是显而易见的。一是主体建构性消费容易引导人们走向个人主义价值
观。个人不再是任何"手段"而成为绝对的"目的"，在个人价值与社会价
值的关系中，个人价值成为"无可厚非"的中心。W. B. 叶芝在其名作
《第二次降临》中指出：万物崩散；中心难再维系。这个中心，我们也可以
理解为传统价值观或主流价值观。在主体性建构消费的视域下，万事万物
没有绝对的美与丑，对于"真"与"善"的理解变得与对"美"的追求一
样相对而易变，世界上充满着不确定性，没有确信不疑的东西，包括价值
观与理想信念。凡事只要在感觉上觉得被吸引、喜欢、有用，就会得到追
捧与迷恋，但这当然不意味着永恒，因为主体建构自身会发生变化。二是
主体性建构消费从根本上讲，在目前条件下缺乏充分的现实可能性。主体
希望通过消费来建构主体性，来实现自我与他人的区分，来获得作为主体

而具有的功能性特征，但这一切在当前条件下没有实现的现实依据，更多的时候是，人们在建构自我的时候迷失了自我。如前所述，在城镇化与工业化的过程中，标准化的生产扩展到一切领域，大量零散的、碎片的片段充斥着整个文化市场。人们在批量生产各种商品中，沦为萨特所说的"非真实化"存在。因此，主体的自我建构性很多时候只能表现为即兴和冲动，"跟着感觉走"使得主体反而丧失了真正的自我。因此，对于主体自我建构性消费既不能全盘否定也不能放任自流随其发展，我们要对主体自我建构性消费进行合乎时宜的引导。

2. 引导主体自我建构性消费的发展，倡导新型"使用价值主导"的综合性消费观

这里有两点要引起我们的注意。一是引导主体成为一个什么样的自我。主体自我建构性消费的目的就是主体希望通过消费而"成为你自己"。"成为你自己"是尼采反复强调的价值格言①，尼采的这个思想和萨特的"存在先于本质"有相通之处，即强调了人的存在与人的本质的非同一性与先后次序性，进而指出人的"本质"的建构性。萨特曾说的"自为的存在被定义为是其所不是且不是其所是"② 正是要表达这个意思。在主体通过消费"成为其自己"的过程中，我们要引导主体放弃以个体感受为中心的审美意识，将个体自我引向与他人共在的社会，放弃康德式的"人是目的"的价值口号，而转向"人是目的，也是手段"的道德律令，从而在主体自我建构时实现个人价值与社会价值的统一，从而避免流于盲目的个人主义消费。二是如何引导的问题。要引导人们放弃"符号""意义"性的消费信念，关键是要消解"符号""意义"在消费中的神圣性。鲍德里亚认为，我们生活在符号流动无穷深化的社会之中，人们所能做的仅仅是从美学幻化的视角来观看无穷深化的符号之流动。而事实上，在后现代主义破碎的符号与碎片的夹击中，个体的"自我"不但没有得到建构与认同，反而是在符号的流动中日渐式微；脱离了物品本身使用价值与自然属性的"符号"与"意

---

① 〔德〕弗里德里希·威廉·尼采：《查拉图斯特拉如是说》，余鸿荣译，北方文艺出版社，1988，第261页。

② 〔法〕让·保罗·萨特：《存在与虚无》，陈宣良等译，生活·读书·新知三联书店，1987，第26页。

义"不但没有得到历史、现在与未来的"合理"观照，反而将生活本身的意义与信仰彻底击碎。因此，我们要倡导新型"使用价值主导"的综合性消费观，这种消费观不能被庸俗化地理解为是对物资匮乏年代只讲"有用性"不讲"品位性"的简单回归，而应被理解为是对"符号压抑"的辩证扬弃。新型"使用价值主导"的综合性消费观提倡在个人消费时以物品的使用价值为主要考虑因素，辅之以"个性化""风格化"的意蕴；这种"风格化"既不需要豪华奢靡，也不需要完全私人化定制，而是通过在色彩、款式等形式上加以简单的处理，甚至是购买商品后 DIY 式的自我添加设计等方式来实现。由于我国当前仍处在社会主义初级阶段，城镇化和工业化都还在深度进行，我们不能把消费建立在西方的个人主义与享乐主义基础之上，而此种新型消费观既符合我们的国情，也利于我们当前的生态文明建设。

3. 结合城镇化的未来进程，给主体提供多元的途径来建构自我，避免自我建构途径的单一化

未来中国，人们的生活水平进一步提高，城镇化会更为快速地发展，面对快速的空间改造，人们的主体自我建构意愿也会显得更为迫切。人们自我建构不仅是希望"成为其自己"，更多的是希望"成为自己的主人"。这也是在当前条件下，人们对自身逐渐异化的本能反应。换言之，"符号压抑"在城镇化快速发展的当下兴起，与我国城镇化与"消费社会"的特殊性不无关系。总体而言，城镇化、"消费社会"与工业化具有内在的逻辑关联。西方"消费社会"是在工业化完成之后兴起的，产业工人在工业化的进程中，逐渐丧失了其阶级意识而沦为了马克思所指的"被资本拜物教的观念形态所束缚"的"消费者"，其在生活方式、文化传统等方面完全接受了主流意识形态（资产阶级意识形态）引导与控制，因而其在主体性自我建构方面缺乏主动性和积极性。和西方不同的是，中国的城镇化几乎是与工业化、"消费社会化"以及经济全球化同步进行的，在城镇化、工业化和全球化的过程中，出现了传统价值观衰弱、传统文化褪色、传统生活方式坍塌等一系列问题，但关键的是中国社会的人们并不完全认同这个现状，长期以来接受的主流价值观教育以及集体主义价值观的影响，让主体在自身被异化的过程中表现得异常焦虑、迷茫。在城镇化过程中，人们发现自

我愈渐渺小，社会关系愈渐淡漠，社会主体性的神圣性正在被消解，人们对生活缺乏应有的想象力。因此，在这种环境下，人们比以往任何时候都更想建构自我，重构自我。

然而，在现实中又缺乏建构自我的途径，在物资逐渐丰裕的今天，人们找到了消费，寄希望于通过消费来"成为其自己"，并"成为自己的主人"，而在西方文化的交融与冲击之后，一部分人逐渐选择了个人主义、自由主义、享乐主义来展现其主体性。针对这样的现状，我们必须给主体提供多元的途径来建构自我。根据主体的主体性建构的形成机制，主体的主体性最主要的是通过社会交往和社会实践而得，而社会交往和社会实践最简单、最直接地就体现在主体的生活方式之中。因此，主体重建主体性必须重建生活方式，通过重建生活方式来重建消费方式，进而重建社会主体自我。当个体热衷于个人主义的时候，正是个体被异化的过程，这种异化只有在更高级的共同生活形式中才能找到解决归属与异化之间矛盾关系的办法，所以我们要倡导与集体主义价值观、自立自强的传统文化观相适应的现代生活方式。而在城镇化快速发展的今天，由于城镇化客观导致了人们在情感上和社会交往上的某种断裂，人们不能再以传统农业社会的方式来构建集体生活方式，我们可以通过其他路径来加以完善：一是可以倡导各种类型的社区文化交流；二是可以兴办各种以兴趣、慈善、公益为纽带的社团，如倡导生态环保的"共同用车"；三是可以鼓励群众自主创业，在创业过程中与整个团队共同奋斗、共同生活；四是鼓励青少年去基层、去偏远地区实现自我价值。

第六章
结　语

第一节　主要结论

本书的研究结论主要如下。

第一，当前国内外对于消费文化的研究，一是基于哲学的视角，其研究内容主要是沿袭西方马克思主义对当代资本主义社会的批判性；二是基于后现代社会（或后工业社会）的视角，其主要是从经济学和社会学交叉的视野出发，区分传统社会和"消费社会"的不同特征；三是基于大众传播的视角，主要是从现代传媒与"消费社会"互动的角度来开展研究。这些研究，更多的是从客体向度（如物品的符号化），部分的是从主体维度（如自由主义的个性消费），而较少的是从主客体相结合的角度来探讨中国消费文化形成和发展的过程，也较少地将消费文化的历史变迁放置于一个较大的历史架构中进行讨论，较少地将宏大叙事与微观研究相结合。

第二，城镇化与消费文化本质上是互动关系，城镇化的发展推动消费文化变迁，消费文化的变迁也反作用于城镇化，但本书只讨论城镇化对消费文化变迁的影响机制以及消费文化在城镇化影响下实现变迁的多路径图式。消费文化作为一个总体性存在有多个维度的理解，消费文化既是一个历史性的存在，也是一个结构性的存在，消费文化还是空间上的总体，任何一个具体的消费文化都是历史性、结构性、空间性的统一。而消费文化变迁的中介也是时间、空间总体的统一，其形式也是多样的。中介功能的发挥与实现，需要有现实的载体，而现实的载体并不是单一的，而是多元的。生产和生活是人类生存的两大历史主题，工作时间、工余时间构成了完整的人类生活时间，工作场所、业余生活场所是人类生活空间的两大组成部分，生产方式和生活方式体现了每一具体历史时期人们处理人与自然、人与自身关系的智慧结晶，是每一种消费文化在时空、结构上的具体体现，城镇化主要是通过两条路径来实现对消费文化的影响。一是城镇化通过影响生产方式来形塑消费文化，其中空间生产是其影响消费文化的主要动力；二是城镇化通过影响生活方式从而建构消费文化，其中生活方式的社会空间重塑是其重要形式，而基于日常生活的规训和集体消费层面的新的不平等是助推消费文化异化的重要原因。城镇化通过多种中介对消费文化总体性产生影响。这种影响需要我们辩证地看待和科学认识，一方面，城镇化在不断地推进消费文化的进步；另一方面，在一定的历史时期，或在缺乏科学引导的情况之下，城镇化又会以多种形式来助推消费文化的异化，并且最为关键的是，它会消解消费文化自我防御、自我觉醒、自我创建的现实路径，因为生活主体已先于消费文化发生了异化。这一辩证认识构建了我们今后处理、协调城镇化与消费文化变迁的指导性原则。

第三，在乡村经济主导的城乡关系之下，消费文化出现过城市向乡村的逆向传播，而随着商品经济的不断发展以及城镇建设水平的不断提高，城镇发展对生活方式及消费文化的推动作用将越来越明显。随着城乡关系的逆转，自然经济的逐渐解体，城乡之间的传统道德评价方式、文化传播方式受到极大的威胁。在农村，农民继续沿袭传统的基于人与人日常交往体验而产生的最质朴的道德评价方式来对日常生活、消费活动进行价值评价；而城市居民则拉开了多元价值观的序幕，传统的、西洋的、现代的、改良的等，各种价值观和消费观念在激烈地碰撞和交融。就历史发展的历程总体而言，城镇化的方向和生产方式发展的方向是一致的，是由传统到现代的逐步递进，消费文化的变迁轨迹则体现了由自然经济向商品经济发展的历史过程，消费的不断升级、消费文化的不断风格化、消费活动的不断大众化，是历史发展的趋势。但是不论是城镇化还是消费文化的历史变迁与发展，都不是线性的，而是有连续、有间断、有发展、有停滞的螺旋上升过程。

第四，我国当前消费文化的基本面是积极的、正面的、向好的，诸如：从大众消费向个性消费、从生活必需品消费向多元消费、从低端消费向高端消费的转变，从即时消费向即时消费与超前消费并存、从线下消费向线上消费与线下消费并存转变，等等，但是一些消极的、负面的、畸形的消费思想，如消费的符号化、消费的自我构建化和消费主义等也在迅速扩散。这表明资本主义消费文化影响的加剧，这于社会主义消费的本质而言，已构成消费文化的异化的风险。而在未来的城镇化中，我们就要消减致使消费文化异化的因素，规避消费文化异化的潜在或现实风险，通过社会主义的、健康的、新型的城镇化来引导消费文化健康发展。

第五，要引导消费文化健康发展则需从生产方式和生活方式革新来着手。从生产方式角度来寻找根源，当前需求侧主导下的生产方式是导致城镇化问题和消费文化异化的重要原因之一，因而倡导生产的生态化是解决当前城镇化问题及由此而带来消费文化异化的重要手段，而供给侧改革无疑是一个非常有利的切入点；从生活方式的角度来看，生活主体是生活方式诸要素中最活跃的因素，也是最为关键的因素，消费文化的异化或健康发展，其中主要原因之一就来自消费者自身。从生活方式的角度来构建健康消费文化的出发点和落脚点应放在消费主体之上。通过倡导生活的生态化及生活主体的自由全面发展来构建健康的生活主体之主体性是引导未来消费文化健康发展的重要抓手。

第二节　研究展望

城镇化与消费文化本质上是互动关系，城镇化的发展推动消费文化变迁，消费文化的变迁也反作用于城镇化，对城镇化的规模、速度、效率、结构、结果产生多方面的影响，但本书只讨论了城镇化对消费文化变迁产生的影响，并未涉及消费文化变迁对城镇化的影响，这显然是本书在研究中存在的很大的不足，在今后的研究中，应该朝着这个方向继续深入学习。

在讨论城镇化与消费文化变迁的历史关系时，对西方特别是工业革命之后西方城镇化对消费文化变迁影响的历史分析较少，而这段历史也能从另一个侧面反映城镇化与消费文化变迁的历史关系，这也是在研究中存在的不足。

在思考和探索城镇化和消费文化变迁的未来走向时，笔者更多的是从宏观的角度来进行的阐述，而没有对未来消费文化变迁的具体内涵进行较深的探索，这些都是将来研究中努力的方向。

参考文献

一 英文文献

Henri Lefebvre, *Everyday Life in the Modern World*, New York: Harper & Row, 1971.

Henri Lefebvre, *Critique of Everyday Life*, Volume I, London: Verso, 1991.

Henri Lefebvre, *The Production of Space*, Oxford: Blackwell, 1991.

Russell W. Belk, *Third World Consumer Culture*, JAL Press, 1988.

L. Sklair, *Sociology of the Global System*, Harvester Wheat sheaf, 1991.

Barchrach P., *Outline of Theory of Practice*, Cambridge: Cambrige University Press, 1977.

Barchrach P., *Power and Poverty: Theory and Practice*, New York: Oxford University Press, 1970.

Herman E. Daly & J. B. Cobb, *For the Common Good: Redirecting the Economy Toward Community, the Environment, and A Sustainable Future*, Beacon Press, 1989.

Christensen, Karen, *Encyclopedia of community*, Sage Pubns, 2003.

Castells, M., *City, class and power*, *New York*: St. Martin's Press, 1978.

Harvey D., *The Condition of Post-Modernity*, Oxford: Basil Blackwell, 1989.

Corrigan, Peter, *The Sociology of Consumption*, London: Sage, 1997.

Lury, Celia, *Consumer Culture*, Cambridge: Polity Press, 1996.

Slater, Don, *Consumer Culture and Mondernity*, Cambridge: Polity Press, 1997.

Douglas M. & Isherwood B., *The World of Goods*, Harmond sworth: Penguin, 1980.

Gross Gary, *Time and Money: The Making of Consumer Culture*, London: Routledge, 1993.

Castells, M., "Theory and ideology in urban sociology," *Urban Sociology*, 1976 (1).

H. L. Gauthier, E. J. T. aaffe. *Three 20th century "Revolutions" in American geography*, Urban Geography, 2000.

二 中文文献

《马克思恩格斯选集》第 1~4 卷, 人民出版社, 1995。

《毛泽东选集》, 人民出版社, 1991。

〔法〕亨利·勒菲弗:《空间与政治》, 李春译, 上海人民出版社, 2008。

〔美〕大卫·哈维:《巴黎城记——现代性之都的诞生》, 黄煜文译, 广西师范大学出版社, 2010。

〔美〕刘易斯·芒福德:《城市文化》, 宋俊岭等译, 中国建筑工业出版社, 2009。

〔法〕让·鲍德里亚:《消费社会》, 刘成富、全志刚译, 南京大学出版社, 2001。

〔英〕迈克·费瑟斯通:《消费主义与后现代文化》, 刘精明译, 译林出版社, 2000。

〔英〕迈克·费瑟斯通:《消解文化——全球化、后现代主义与认同》, 杨渝东译, 北京大学出版社, 2009。

〔美〕赫伯特·马尔库塞:《爱欲与文明》, 黄勇、薛民译, 上海译文出版社, 1987。

〔美〕托斯丹·邦德·凡勃伦:《有闲阶级论》, 蔡受百译, 商务印书馆, 1964。

〔美〕丹尼尔·贝尔:《资本主义文化矛盾》, 赵一凡译, 生活·读书·

新知三联书店, 1989。

〔德〕奥格尔格·西美尔:《时尚的哲学》, 北京文艺出版社, 2001。

〔美〕西莉亚·卢瑞:《消费文化》, 张萍译, 南京大学出版社, 2003。

〔法〕埃米尔·涂尔干:《社会分工论》, 渠东译, 生活·读书·新知三联书店, 2000。

〔美〕弗雷德里克·詹明信:《晚期资本主义的文化逻辑》, 陈清侨等译, 华夏出版社, 2003。

〔法〕尼古拉·埃尔潘:《消费社会学》, 孙沛东译, 社会科学文献出版社, 2005。

〔美〕大卫·理斯曼:《孤独的人群》, 王崑、朱虹译, 南京大学出版社, 2002。

〔法〕西斯蒙第:《政治经济学新原理》, 何钦译, 商务印书馆, 1977。

〔日〕堤清二:《消费社会批判》, 朱绍文等译, 经济科学出版社, 1998。

〔英〕伊恩·伯基特:《社会性自我》, 李康译, 北京大学出版社, 2012。

〔美〕赫伯特·马尔库塞:《单向度的人——发达工业社会意识形态研究》, 刘继译, 上海译文出版社, 1989。

〔德〕尼采:《查拉图斯特拉如是说》, 余鸿荣译, 北方文艺出版社, 1988。

〔法〕萨特:《存在与虚无》, 陈宣良等译, 生活·读书·新知三联书店, 1987。

李培林:《当代中国城市化及其影响》, 社会科学文献出版社, 2013。

高文武等:《消费主义与消费生态化》, 武汉大学出版社, 2011。

唐正东、孙乐强:《资本主义理解史》第 4 卷, 江苏人民出版社, 2009。

张永红:《马克思的休闲观及其当代价值》, 湖南人民出版社, 2010。

杨魁、董雅丽:《消费文化理论研究——基于全球化的视野和历史的维度》, 人民出版社, 2013。

尹世杰:《消费需要论》, 湖南出版社, 1993。

尹世杰:《社会主义消费经济学》,上海人民出版社,1983。

冯奎:《中国城镇化转型研究》,中国发展出版社,2013。

朱克英等:《城市文化》,上海教育出版社,2006。

王伟光等:《社会生活方式论》,江苏人民出版社,1988。

姚建平:《消费认同》,社会科学文献出版社,2006。

王玉波等:《生活方式论》,上海人民出版社,1989。

张鸿雁:《春秋战国城市经济发展史》,辽宁大学出版社,1988。

傅筑夫:《中国经济史论丛》(上),生活·读书·新知三联书店,1980。

余也非:《中国古代经济史》,重庆出版社,1991。

李斌城等:《隋唐五代社会生活史》,中国社会科学出版社,1998。

陈国灿:《南宋城镇史》,人民出版社,2009。

肖建乐:《唐代城市经济研究》,人民出版社,2009。

陈江:《明代中后期的江南社会与社会生活》,上海社会科学院出版社,2006。

傅筑夫:《中国经济史论丛》(上),生活·读书·新知三联书店,1980。

汪圣铎:《宋代社会生活研究》,人民出版社,2007。

傅崇兰等:《中国城市发展史》,社会科学文献出版社,2009。

尚园子等:《宋元生活掠影》,沈阳出版社,2002。

包伟民:《宋代城市研究》,中华书局,2014。

陈宝良:《明代社会生活史》,中国社会科学出版社,2004。

何良俊:《四友斋丛说》第12卷,中华书局,1983。

(明)佚名著,孔宪易校注:《如梦录》,中州古籍出版社,1984。

韩大成:《明代城市研究》,中华书局,2009。

陈江:《明代中后期的江南社会与社会生活》,上海社会科学院出版社,2006。

冯尔康等:《情人社会生活》,沈阳出版社,2001。

张研:《清代社会经济史研究》,北京师范大学出版社,2010。

黄敬斌:《民生与家计:清初至民国时期江南居民的消费》,复旦大学出版社，2009。

　　郭蕴静：《清代商业史》，辽宁人民出版社，1994。

　　何一民：《从农业时代到工业时代：中国城市发展研究》，四川出版集团、巴蜀书社，2009。

　　陈达：《我国抗日战争时期市镇工人的生活》，劳动出版社，1993。

　　宋钻友等：《上海工人生活研究（1843-1949）》，上海辞书出版社，2011。

　　杨西孟：《上海工人生活程度的一个研究》，北平出版社，1930。

　　朱邦兴等：《上海产业与上海职工》，上海人民出版社，1984。

　　江文君：《近代上海职员生活史》，上海辞书出版社，2011。

　　许学强：《中国城市化理论与实践》，科学出版社，2012

　　姜爱林：《城镇化、工业化与信息化协调发展研究》，中国大地出版社，2004。

　　魏后凯：《中西部工业与城市发展》，经济管理出版社，2000。

　　顾朝林：《中国与城镇体系：历史、现状、展望》，商务印书馆，1992。

　　魏心镇：《工业地理学》，北京大学出版社，1982。

　　郭绪印：《新编中国现代史》，上海人民出版社，1996。

　　刘方棫：《消费经济学概论》，贵州人民出版社，1984。

　　刘方喜：《消费社会》，中国社会科学出版社，2001。

　　姚建平：《消费认同》，社会科学文献出版社，2006。

　　闫方杰：《西方新马克思主义的消费社会理论研究》，上海世纪出版集团，2012。

　　欧阳力胜：《新型城镇化进程中农民工市民化研究》，博士学位论文，财政部财政科学研究所。

　　蒋建国：《晚清广州城市消费文化研究》，暨南大学 2005 年博士学位论文。

　　萧俊明主编《现代社会生活方式的文化根源》，社会科学文献出版社，2013。

　　李泽中主编《当代中国社会主义经济理论》，中国社会科学出版社，1989。

　　孙逊等主编《都市空间与文化想象》，上海三联书店，2008。

李文海等主编《民国时期社会调查丛编（一编）》［城市（劳动）生活卷（上）］，福建教育出版社，2014。

杨剑龙主编《都市文化》，上海人民出版社，2014。

中共中央文献研究室：《建国以来主要文献选编》第 1 册，中央文献出版社，1992。

中共中央文献研究室：《建国以来主要文献选编》第 11 册，中央文献出版社，1995。

罗骞：《总体性的马克思主义》，《光明日报》2015 年 5 月 27 日，第 14 版。

蒋南平等：《中国城镇化与农村消费启动——基于 1978-2009 年数据的实证检验》，《消费经济》2011 年第 2 期。

潘明清等：《我国城镇化对居民消费影响效应的检验与分析》，《宏观经济研究》2014 年第 1 期。

廖进中等：《湖南农村消费启动与城镇化关系的实证研究》，《消费经济》2009 年第 2 期。

蒋勇等：《城镇化、产业结构与消费结构互动关系的实证研究》，《工业技术经济》2015 年第 1 期。

余凤龙等：《中国城镇化进程对农村居民旅游消费的影响》，《经济管理》2013 年第 7 期。

王振红等：《金融发展和城镇化对能源消费的影响机理研究》，《统计与决策》2014 年第 17 期。

李新家：《消费文化和文化消费》，《消费经济》1989 年第 2 期。

张应祥、蔡禾：《新马克思主义城市理论述评》，《学术研究》2006 年第 3 期。

张敏等：《基于日常生活的消费空间生产：一个消费空间的文化研究框架》，《人文地理》2013 年第 2 期。

章敏敏、夏建中：《集体消费理论及其本土化反思》，《城市问题》2014 年第 11 期。

阎守诚：《从唐代看中国传统经济的发展》，《中国经济史研究》2003 年第 3 期。

吴慧：《清前期粮食的亩产量、人均占有量和劳动生产率》，《中国经济史研究》1993 年第 1 期。

李映涛：《民国前期内地城市工人生活研究——以成都为例》，《中华文化论坛》2005 年第 4 期。

张爱玲：《谈女人》，香港皇冠出版社，1998。

刘勇：《中国城镇化发展的历程、问题和趋势》，《经济与管理研究》2011 年第 3 期。

郅秀丽：《简析中国近代产业结构的变化》，《文教资料》2009 年 10 月号下旬刊。

李平：《建国 50 年来我国产业结构调整分析》，《教学与研究》1999 年第 8 期。

郭飞：《深化中国所有制改革的若干思考》，《中国社会科学》2008 年第 3 期

代谦、田相辉：《中国所有制结构变迁中的劳动力流动：1978～2010年》，《经济评论》2012 年第 6 期。

刘维刚、赵玉琳：《应重新认识消费与生产的主从关系》，《经济纵横》2014 年第 8 期。

唐正东：《马克思历史唯物主义消费观的生成路径及理论特质》，《哲学研究》2014 年第 5 期。

王琪延：《中国城市居民生活时间分配分析》，《社会学研究》2000 年第 4 期。

齐心等：《我国北方农民的生活时间配置》，《江苏行政学院学报》2003 年第 3 期。

石智雷等：《工作时间、业余生活与农民工的市民化意愿》，《中南财经政法大学学报》2015 年第 4 期。

薛品：《科研人员的时间分配与生活满意度——性别的视角》，《湖北经济学院学报》2015 年第 1 期。

刘勇：《中国城镇化发展的历程、问题和趋势》，《经济与管理研究》2011 年第 3 期。

王昕：《市民时尚超前消费观念升温》，《西安日报》2013 年 7 月 9 日。

赵玲:《消费的人本意蕴及其价值回归》,《哲学研究》2006 年第 9 期。

任震宇:《高端消费人群发生结构性变化》,《中国消费者报》2015 年 5 月 1 日。

夏建中:《新城市社会学的主要理论》,《社会学研究》1998 年第 4 期。

附录
调查问卷

关于城镇化与消费文化变迁的问卷调查

尊敬的女士/先生：

您好！很感谢您能参与我们的调查研究工作。我们的研究目的是通过了解城镇化与消费文化演变的实际情况，为社会更合理地发展以及人们更好地生活提供决策依据。

为了做好研究，我们邀请您填答本问卷的内容。本问卷只用于研究人员的统计分析，您的回答无所谓对错，您只需要根据自己和家庭的实际情况在每个问题所列的选项中选择一个合适的答案打"√"（本问卷题目如无特别说明，则为单选），或者在"_____"中填写您的答案。问卷调查不用填写姓名，其中的问题也不涉及您个人的特殊资料，同时，我们将对您的回答保密，请您放心填答。万分感谢您的合作！

1. 您的性别：

A. 男　　　　　　B. 女

2. 您的年龄：

A. 20 岁及以下　　B. 21～30 岁　　　　C. 31～40 岁　　　　D. 41～50 岁

E. 50 岁以上

3. 您的文化程度：

A. 小学以下　　　　　B. 小学　　　　　　C. 初中

D. 高中、技校或中专　E. 大专、本科　　　F. 本科以上

4. 您的职业：

A. 党政机关公务员　　　　　　　B. 科教文卫等事业单位工作者

C. 银行、保险等金融工作者　　　D. 工程技术人员

E. 运输、物流等相关人员　　　　F. 服务行业从业人员

G. 个体工商业者　　　　　　　　H. 私营业主

I. 企业工人　　　　　　　　　　J. 在校学生

K. 下岗、无业、待业人员　　　　L. 离退休人员

M. 其他职业从业人员（请说明）_____

5. 您的婚姻状况：

A. 已婚　　　　　B. 未婚　　　　　C. 离异　　　　　D. 丧偶

E. 其他（请说明_____）

6. 您目前生活在：

A. 农村　　　　　B. 城镇（a. 乡镇　　b. 县城　　c. 城市）

7. （生活在城镇者回答）您生活在城镇的原因是：

A. 从出生开始就在　　　　　　B. 到城市学习

C. 进城务工或工作　　　　　　D. 投靠亲友

E. 在城镇买房定居

F. 城中村或郊区农村改造导致农村变成城镇

G. 其他（请说明）_____

8. （生活在城镇者回答）您已在城镇生活多长时间：

A. 5 年以下　　　　B. 6~10 年　　　　C. 11~15 年

D. 16~20 年　　　　E. 20 年以上

9. 在过去的 20 年里，您的家庭曾经：

A. 搬迁过（或购置过）新房　　　B. 翻新过旧房

C. 两者都没有

10. 您的月平均收入：（包括工资、奖金、津贴在内的一切收入；学生则选择您现在每月所能得到的一切所得总和，比如家庭给予、奖助学金、兼职所得等）

A. 2000 元及以下   B. 2001~3500 元

C. 3501~5000 元   D. 5001~6500 元

E. 6501~8000 元   F. 8001~9000 元

G. 9001~10000 元   H. 10001 元及以上

11. 您的家庭月收入：（家庭收入是指家庭成员的全部货币收入和实物收入；如您未婚，家庭成员包括您和您父母；如您已婚，家庭成员包括您和您配偶及未婚子女，已婚子女不算）

A. 3000 元及以下   B. 3001~5000 元

C. 5001~7000 元   D. 7001~9000 元

E. 9001~11000 元   F. 11001~13000 元

G. 13001~15000 元   H. 15001 元及以上

12. 您家每月的食物支出（含零食、水果等）占总支出的比重大致为：

A. 61%及以上 B. 51%~60% C. 41%~50% D. 31%~40%

E. 30%以下

13. 您家庭的储蓄率大致为：（储蓄率指储蓄在家庭收入中所占的比重）

A. 71%及以上 B. 51%~70% C. 31%~50% D. 11%~30%

E. 10%及以下

14. （40 岁以上者回答）您在 20 世纪 90 年代以前的服装偏好主要是什么：（最多可选 2 项）

A. 实用就行 B. 面料质地 C. 方便舒适 D. 体现个性

E. 款式新颖 F. 名牌时髦 G. 价格合适 H. 做工讲究

I. 其他（请说明）_____

15. 您现在的服装偏好主要是什么：（最多可选 2 项）

A. 实用就行 B. 面料质地 C. 方便舒适 D. 体现个性

E. 款式新颖 F. 名牌时髦 G. 价格合适 H. 做工讲究

I. 其他（请说明）_____

16. （40 岁以上者回答）您在 20 世纪 90 年代以前的饮食偏好主要是什么：（可选 2 项）

A. 吃饱就行 B. 健康营养 C. 方便省事 D. 饮食文化

E. 食材新奇 F. 口味独特 G. 干净卫生 H. 高档饮食

I. 其他（请说明）＿＿＿＿＿

17. 您现在的饮食偏好主要是什么：（可选 2 项）

A. 吃饱就行　　　B. 健康营养　　　C. 方便省事　　　D. 饮食文化

E. 食材新奇　　　F. 口味独特　　　G. 干净卫生　　　H. 高档饮食

I. 其他（请说明）＿＿＿＿＿

18.（40 岁以上者回答）您在 20 世纪 90 年代以前的住房是什么：

A. 自建房屋　　　B. 个人租房　　　C. 单位宿舍（学生宿舍）

D. 商品房　　　E. 别墅

19. 您现在所居住的房屋是：

A. 自建房屋　　　　　　　　B. 个人租房

C. 政府公租房、廉租房　　　D. 单位宿舍（学生宿舍）

E. 一般商品房　　　　　　　F. 别墅

20.（40 岁以上者回答）您在 20 世纪 90 年代以前日常出行（如上下班）主要通过：（可选 2 项）

A. 步行　　　　　B. 自行车　　　　C. 单位班车

D. 公共交通工具　　　　　　E. 摩托车或电动车

F. 出租车　　　　　　　　　G. 私家车

I. 其他（请说明）＿＿＿＿＿

21. 您现在日常出行（如上下班）主要通过：（可选 2 项）

A. 步行　　　　　B. 自行车　　　　C. 单位班车

D. 公共交通工具　　　　　　E. 摩托车或电动车

F. 出租车　　　　　　　　　G. 私家车

I. 其他（请说明）＿＿＿＿＿

22. 以下交通工具您乘坐过：（有几项就选几项）

A. 轻轨、地铁　　　B. 磁悬浮列车　　　C. 高铁、动车

D. 城际列车　　　E. 飞机

23.（40 岁以上者回答）您在 20 世纪 90 年代以前购买日用品主要考虑：（可选 2 项）

A. 实用　　　　　B. 新奇　　　　　C. 美观　　　　　D. 价格

E. 品牌　　　　　F. 流行　　　　　G. 质量　　　　　H. 高档

I. 个性　　　　　　J. 其他（请说明）_____

24. 您现在购买日用品主要考虑：（可选 2 项）

A. 实用　　　　　B. 新奇　　　　　C. 美观　　　　　D. 价格

E. 品牌　　　　　F. 流行　　　　　G. 质量　　　　　H. 高档

I. 个性　　　　　　J. 其他（请说明）_____

25. 您家拥有下列哪些耐用消费品：（有几项就选几项）

A. 冰箱　　　　　B. 彩电　　　　　C. 空调　　　　　D. 电脑

E. 电话　　　　　F. 手机　　　　　G. 热水器　　　　H. 微波炉

I. 摄像机　　　　J. 洗衣机　　　　K. 摩托车　　　　L. 私家车

M. 高档音响

26. 您觉得近十年您的生活方式有变化吗：

A. 无变化　　　　　　　　　　　B. 有变化，但变化不大

C. 有变化，且变化很大

27. 如您近十年生活有变化，您觉得哪些方面变化最大：（可选 3 项，并请按程度排序）

A. 服装　　　　　B. 饮食　　　　　C. 住房　　　　　D. 出行

E. 通信　　　　　F. 教育　　　　　G. 社交方式　　　H. 休闲方式

I. 消费方式　　　J. 薪资水平　　　K. 其他（请说明）_____

排序：①_____　②_____　③_____

28. 您更喜欢：

2 选 1		4 选 1			
在家吃饭	在外就餐	中式餐饮	地方小吃	西式餐饮	无所谓

29. 您住所能够上网吗：（专指电脑上网，不包括手机上网）

A. 能　　　　　　　　　　　　　B. 不能

30. 您上网更多的是通过：

A. 手机　　　　　　　　　　　　B. 台式电脑或笔记本电脑

C. 平板电脑等其他设备

31. 您平时上网主要用来做什么：（最多选 3 项）

A. 收发邮件或聊天　　　　　　　B. 查阅学习资料、获取资讯

C. 购物　　　　　　　　　　　　D. 游戏、娱乐

E. 其他（请说明）_____

32. 您更愿意在哪些方面消费：（最多选 3 项，并请按程度排序）

A. 衣着　　　　B. 饮食　　　　C. 电子产品　　　D. 家居用品

E. 旅游　　　　F. 文化教育　　G. 居住环境、条件

H. 化妆、护肤　I. 体育相关　　J. 其他（请说明）_____

排序：①_____②_____③_____

33. 您在空闲时间主要做什么：（最多选 5 项，并请按程度排序）

A. 看电视　　　　B. 看书报杂志　C. 上网　　　　　D. 体育运动

E. 逛商店、购物　F. 扑克、下棋等　G. 游戏　　　　　H. 电影

I. KTV 唱歌　　　　　　　　　　J. 从事第二职业

K. 义工等公益活动　　　　　　　L. 宗教活动

M. 照顾老人或陪伴子女　　　　　N. 亲友聚会

O. 其他（请说明）_____

排序：①_____②_____③_____④_____⑤_____

34. 您平常的消费地点及方式主要是：（最多选 3 项，并请按程度排序）

A. 品牌专卖店购物　　　　　　　B. 集市或地摊

C. 大型超市、商场、卖场　　　　D. 网上购物

E. 电视、电话购物　　　　　　　F. 上门推销

G. 小卖铺、便利店等　　　　　　H. 其他（请说明）_____

排序：①_____②_____③_____

35. 您的支付方式主要是：

A. 现金　　　　B. 刷储蓄卡　　C. 信用卡

D. 支付宝等　　E. 支票

36. 广告对您的日常生活、消费有无影响：

A. 有影响　　　B. 影响很大　　C. 影响不大　　D. 没有影响

37. 下列哪些方式最吸引您进入店铺：（最多选 3 项，并请按程度排序）

A. 店铺别致的装修及形象　　　　B. 店铺橱窗摆放的热销商品

C. 优惠促销的海报　　　　　　D. 派发到家里的商品目录单

E. 店铺里面人潮涌动　　　　　　F. 其他（请说明）＿＿＿＿＿＿＿

排序：①＿＿＿＿＿＿②＿＿＿＿＿③＿＿＿＿＿

38. 个人生活时间结构状况调查：（单位：小时/日）（请您在对应方框中打√）

履行社会职责时间（工作、学习、上下班往返和家务劳动等）	0~2	2.1~4	4.1~6	6.1~8	8.1~10	10.1~12	12 以上
满足生理需要时间（吃饭、睡觉、个人卫生的时间等时间）							
闲暇时间（除前两个部分外剩余的个人自由支配时间）							

39. 对于下下说法，您的态度如何：（请您在对应方框中打√）

问题	完全不同意	有点不同意	说不清楚	基本同意	完全同意
花钱消费应当与自己的身份相符合					
人的生活和消费要有自己的特点					
花钱越多越体面					
人都爱面子，在外人面前花钱都舍得					
有钱的话，在别人面前炫耀一下也属正常					
如果有钱了，一定要买一些贵的东西让别人另眼相看					
穿衣服鞋子等要显现出自己的特点和个性					
尽量多消费能促进经济增长					
分期付款买房是应该而且合理的					
分期付款买车是应该而且合理的					
有钱应当出去旅游					
花钱休闲、娱乐和工作一样重要					
人活着的主要目的在于从工作中获得乐趣和创造成就					

问题	完全 不同意	有点 不同意	说不 清楚	基本 同意	完全 同意
物质享受最重要，丰富的精神生活是其次的					
过日子要符合自己的社会等级和社会身份					
花钱省时间是值得的					
健康是生活的首要目标					
能挣会花才是现代人的生活方式					
实用比流行更重要					
穿不同档次的衣服表明不同的身份和地位					
国外名牌比国内名牌好					

40. 您在选择消费场所时，最关注哪些要素：（所有选项，最多选 5 项，并请您在对应方框中打√）

关注要素		关注要素	
与居住地、上班地较近		时尚流行	
区域中心，商业氛围浓厚		质量好、品质有保障	
与父母、朋友居住地较近		提供人性化服务	
方便停车/车位充足		经常举办各种展销、促销活动	
有卖场班车		附近有特色餐饮美食	
有多条线路公车或地铁		娱乐休闲项目丰富	
商品种类齐全		经常举办现场表演，购物、休闲、娱乐一站式消费	

我们的调研到此结束，再一次感谢您的支持！

图书在版编目（CIP）数据

城镇化与消费文化变迁／喻厚伟著. -- 北京：社
会科学文献出版社，2017.12
ISBN 978-7-5201-2030-2

Ⅰ.①城⋯　Ⅱ.①喻⋯　Ⅲ.①城市化-关系-消费文
化-研究-中国　Ⅳ.①D669.3

中国版本图书馆 CIP 数据核字（2017）第 314599 号

城镇化与消费文化变迁

著　　者／喻厚伟

出 版 人／谢寿光
项目统筹／曹义恒
责任编辑／吕霞云　刘　荣

出　　版／社会科学文献出版社·社会政法分社（010）59367156
　　　　　地址：北京市北三环中路甲 29 号院华龙大厦　邮编：100029
　　　　　网址：www.ssap.com.cn
发　　行／市场营销中心（010）59367081　59367018
印　　装／北京季蜂印刷有限公司

规　　格／开　本：787mm×1092mm　1/16
　　　　　印　张：12.5　字　数：205 千字
版　　次／2017 年 12 月第 1 版　2017 年 12 月第 1 次印刷
书　　号／ISBN 978-7-5201-2030-2
定　　价／69.00 元

本书如有印装质量问题，请与读者服务中心（010-59367028）联系